Einer dieser frühen Pioniere war Alfred Perceval Maudslay. Er forschte in den Ruinen von Palenque, Copán, Chichén Itzá und Quirigua, befreite Teile der Gebäude von dem alles überwuchernden Gestrüpp, fotografierte, entwarf Pläne und beschrieb jedes einzelne Detail mit akribischer Genauigkeit.

„In Chichén Itzá bot das ‚Nonnenhaus' uns eine einmalige Unterkunft. Wir konnten uns sogar einigermaßen komfortabel dort einrichten."

„In Quirigua begannen wir mit unserer Arbeit Anfang
Februar, gegen Ende der Regenzeit.
Mit Hilfe von Flaschenzügen und behelfsmäßigen

Gerüsten war es uns möglich, umgestürzte Stelen wieder aufzurichten, um so anschließend einen Abguß der Glyphen herzustellen.

In allen Etagen des Turmes im Palast von Palenque befinden sich große, türähnliche Öffnungen in den vier Wänden. Ursprünglich befanden sich über diesen

hölzerne Türstürze. Bei unserer Ankunft entdeckten wir, daß die Innenhöfe des Palastes von Palenque mit Mauerresten übersät waren, die von den umliegenden Gebäuden herabgestürzt waren.

Dieses Gebäude befindet sich an der Nordseite der östlichen Terrasse des Palastes. Es besteht aus zwei parallel verlaufenden Korridoren, die durch eine tragende Wand voneinander getrennt werden.

Das Relief auf der Vorderseite des kleinen Tempels ist schwer beschädigt; trotzdem kann man noch einen Teil des Körpers und den Kopf einer Schlange erkennen, aus deren Kiefern der Kopf eines mythischen Wesens ragt.

Es ist wegen der großen Anzahl der herabgestürzten Steine äußerst schwierig, eine genaue Vorstellung von den wirklichen Abmessungen des Castillo zu erhalten.

„Trotz der schwierigen Arbeit, den Problemen mit den Arbeitern und der ständig wiederkehrenden Fieberanfälle ist mir mein Aufenthalt in Chichén Itzá in allerbester Erinnerung geblieben."

Claude-François Baudez, Archäologe und Forschungsdirektor der Staatlichen Zentrale für wissenschaftliche Forschung (CNRS) hat in Costa Rica und Honduras die Überreste wenig bekannter Zivilisationen Mittelamerikas studiert. Seit 1971 beschäftigt er sich ausschließlich mit den Maya. Er war Kodirektor der französischen Ausgrabungen in Tonina (Mexiko) und hat das Erforschungs- und Restaurierungsprogramm von Copán (Honduras) geleitet.
Sydney Picasso war festangestellte Fotografin der französisch-brasilianischen archäologischen Mission von Lagoa Santa. Sie hat an der École des hautes études en sciences sociales in Paris von 1974 bis 1980 als Forschungsassistentin gearbeitet, später beim CNRS im Rahmen eines Forschungsprogramms über südamerikanische Felsenzeichnungen.

Übersetzung: Christian und Regina Kuhn-Régnier
Wissenschaftliche Überarbeitung: Wolfgang Funke, Ethnologe

ABENTEUER GESCHICHTE

Deutsche Erstausgabe als Ravensburger Taschenbuch
© 1990 Ravensburger Buchverlag Otto Maier GmbH

Die Originalausgabe erschien unter dem Titel
„Les cités perdues des Mayas"
© 1988 Editions Gallimard, Paris

Redaktion der deutschen Fassung: Martin Sulzer

Alle Rechte dieser Ausgabe vorbehalten durch
Ravensburger Buchverlag Otto Maier GmbH
Satz: Eduard Weishaupt, Meckenbeuren
Printed in Italy by Soc. Editoriale Libraria

8 7 6 5 4   98 97 96 95 94

ISBN 3-473-51010-6

VERSUNKENE STÄDTE
DER MAYA

Claude-François Baudez und Sydney Picasso

Ravensburger Buchverlag

Erstes Kapitel
EROBERER UND MISSIONARE

Man schreibt das Jahr 1502. Die Maya zählen das zweite Jahr des katun 8 ahau. 25 Mann sitzen in einem aus einem riesigen Baumstamm gefertigten Handelsboot. Sie kommen aus dem Westen und steuern die Insel Guanaja an. In den Gewässern des Golfs von Honduras kommt es zu einem ungewöhnlichen Zusammentreffen…

Dieses Gemälde, entstanden gegen Ende des 18. Jahrhunderts, spiegelt deutlich die Weltsicht der Eroberer wieder: Die Spanier nehmen mehr als die Hälfte des Bildes ein, die kindgesichtigen Indianer sind in den Hintergrund gedrängt. Szenischer Mittelpunkt ist die erhaben und herablassend dargestellte Segnung des Kaziken (Häuptlings) von Tabasco (heute ein Bundesstaat von Mexiko) durch Juan de Grijalva.

14 EROBERER UND MISSIONARE

Der Anführer der kleinen Schar sitzt unter einem Baldachin, der ihn vor der Sonne schützen soll. Um ihn herum ist sein Gefolge versammelt: Männer, Frauen und Kinder. Sie kommen aus Yucatán, um mit den an der Küste und auf den Inseln lebenden Menschen Handel zu treiben. Auf dem Boden des Bootes stapeln sich Ballen mit Handelswaren: Kleider aus bunter Baumwolle, Obsidianmesser, Schwerter aus Hartholz mit scharfen Schneiden und mit kostbaren Einlegearbeiten verzierten Griffen.
Zu Füßen des Anführers liegt der Schatz der Ladung: Kakaobohnen, die als Zahlungsmittel dienen, kleine Beile und Glocken aus Kupfer.

Plötzlich schreit einer der Männer erstaunt auf. Solange er in diesen Küstengewässern kreuzt, hat er noch nie die drei großen Inseln vor Guanaja gesehen. Ein anderer meint sogar bemerkt zu haben, daß sich die Inseln bewegen. Wie auf Kommando erstarren die Ruderer in ihren Bewegungen und stellen ihre Paddel senkrecht. Sie schauen einander beunruhigt an. Der Anführer gibt wortlos Zeichen weiterzufahren. Das Boot gleitet näher. Die kleinen Inseln ähneln großen, zur Hälfte im Meer versunkenen Schalen, auf denen sich senkrecht hohe, geschälte Stämme erheben, an denen ein Gewebe von Seilen hängt. Mit Sicherheit sind diese seltsamen Inseln bewohnt: Auf ihnen bewegen sich Schatten in menschlicher Gestalt.

Sind das Menschen... oder etwa Götter? Die Körper der Wesen sind vollständig von einem in der Sonne glitzernden Metall bedeckt, nur ihre Hände und das Gesicht sind zu sehen – und das ist bei vielen mit Haaren bedeckt wie bei Affen. Mutig nähert sich die kleine Expedition den Inseln. Bei näherem Hinsehen zeigt sich, daß die vermeintlichen Inseln in Wirklichkeit riesige Kanus sind. Die merkwürdigen Wesen auf den Kanus laden sie ein, an Bord zu kommen, und werfen ihnen Seile und Leitern zu. Der Häuptling ist der erste, der sich ein Herz faßt und an Bord geht.

Man beschaut und befühlt die Kleider, die Haut, den Schmuck der fremden Wesen. Schließlich werden Geschenke ausgetauscht. Die Fremden verstehen die

Christoph Kolumbus (1451–1506) ist sein Leben lang auf der Suche nach neuen, unbekannten Ländern.

Sprache der Einheimischen nicht, aber mit Gesten zeigen diese an, woher sie gekommen sind.

So verläuft der erste Kontakt zwischen den Maya der Halbinsel Yucatán und der Karavelle des Christoph Kolumbus in den seichten Gewässern von Guanaja. Der Entdecker Westindiens – des Kontinents, der später Amerika heißen soll – befindet sich zu diesem Zeitpunkt auf seiner vierten Entdeckungsreise.

Neun Jahre nach diesem kurzen Treffen betreten die ersten Spanier das Land der Maya – zu ihrem Unglück.

Es sind keine Eroberer, die als erste den Fuß auf Mayagebiet setzen, sondern die Überlebenden eines Schiffbruchs vor Jamaica. Sie landen in erbärmlichem Zustand an der Nordostküste Yucatáns. 13 Tage lang sind sie in einem Boot ohne Segel und Verpflegung auf dem Meer getrieben und haben nahezu die Hälfte ihrer Kameraden an Hunger und Durst sterben sehen.

Kaum haben sie das Ufer erreicht, als sie auch schon von einer Gruppe Indianer in Empfang genommen werden, die ihren Göttern dafür danken, daß sie ihnen Menschenopfer schickten. Es sind zwar keine besonders auserlesenen Opfer, dafür aber von so seltsamer Art,

> „Wir sind auf einen Baum geklettert, um besser zu sehen, was es dort gab, und du mußt wissen, daß wir ein Haus im Wasser sahen, aus dem weiße Menschen herauskamen. Ihr Gesicht und ihre Hände sind weiß, sie haben sehr lange und buschige Bärte, und ihre Kleider haben alle Farben: Weiß, Gelb und Rot, Grün, Blau und Violett; (…) und auf ihrem Haupt haben sie runde Hüte."
>
> Bericht zweier aztekischer Spione an ihren Herrscher Moctezuma (= der zornige Herr)

EROBERER UND MISSIONARE

daß sie den Göttern wohlgefällig sein müßten. So stirbt die Hälfte der Schiffbrüchigen auf dem Opferaltar.

Die anderen werden in einen Käfig gesperrt. Da sie für das nächste Opfer vorgesehen sind, werden sie gefangengehalten, und man läßt ihnen eine gute Behandlung, die allen erwählten Opfern zusteht, angedeihen. Zwei von ihnen jedoch überleben: Gerónimo de Aguilar, ein Priester, wird Bediensteter des Herrschers, der ihn angesichts seiner Dienstbeflissenheit verschont. Aguilar heiratet später eine Indianerin und soll dem Eroberer Hernán Cortés als Übersetzer gute Dienste leisten. Der zweite, Gonzalo Guerrero, wird in einer anderen Region sogar Kriegshäuptling, heiratet ebenfalls und gründet eine Familie. Er integriert sich so weit in die indianische Gemeinschaft, daß er 1536 auf der Seite der Indianer im Widerstand gegen die Spanier kämpft und dabei ums Leben kommt.

„Als Francisco Hernández de Cordoba dieses Land erreichte, traf er auf einige indianische Fischer, und als er sie fragte, welches Land dies sei, antworteten sie ihm ‚cotoch‘, was soviel heißt wie ‚unsere Häuser, unser Land‘. Daher stammt der Name, der dieser Landspitze gegeben wurde. Als die Spanier mit Hilfe von Zeichen noch weitere Informationen über dieses Land erfragten, antworteten die Fischer ‚yec te tan‘, das heißt ‚ich verstehe nicht‘. Die Spanier nannten das Gebiet daraufhin ‚Yucatán‘."
Diego de Landa,
Relación de las cosas
de Yucatán

<u>Der Erfolg der spanischen Kolonisation beruht darauf, daß sie auf den Inseln begonnen wird, wo die Europäer zunächst mit größter Herzlichkeit aufgenommen werden.</u>

Nachdem die Europäer die Bevölkerung von Kuba und Hispaniola – der heutigen Dominikanischen Republik – innerhalb kürzester Zeit ausgerottet oder versklavt haben, werden die Inseln zu Ausgangspunkten weiterer Eroberungsfahrten. Hernández de Cordoba sticht 1517 in See, um Sklaven, die auf den Inseln bereits Mangelware geworden sind, zu suchen, aber auch um Gold zu finden. Er segelt nach Westen und landet auf einer nahe vor der nordöstlichen Küste Yucatáns gelegenen Insel.

Die Spanier sind überrascht, dort eine Kultur vorzufinden, die im Gegensatz zu den einfachen Hütten der

DER BEGINN DER KOLONISATION

Kariben steinerne Gebäude hervorgebracht hat. Die Tempel, die sie betreten, bergen eine große Anzahl von weiblichen Götterbildern. Aus diesem Grund nennen sie die Insel „Fraueninsel" (Isla Mujeres). Dabei fallen ihnen auch ein paar goldene Gegenstände in die Hände, die den Anlaß für spätere Expeditionen liefern. In der Hoffnung, weitere Schätze zu finden, lichtet Cordoba den Anker und setzt seine Reise entlang der Küste in nördlicher Richtung fort. Er umfährt die Halbinsel Yucatán, bis er in der nördlichen Bucht die Stadt Champotón findet. Doch kaum gehen die Spanier an Land, werden sie von den dort lebenden Maya angegriffen.

Die Spanier sehen in den in Mittelamerika üblichen Menschenopfern den Beweis für die Macht und Gegenwart des Teufels. Die am häufigsten praktizierte Form des Menschenopfers zur Zeit der Eroberung und in den Jahrhunderten davor ist das Herausreißen der Herzen der Opfer bei lebendigem Leib.

Cordoba greift zu den schärfsten Mitteln und läßt die Schiffskanonen auf sie abfeuern. Der Schrecken und das Entsetzen der Maya sind groß. Nie zuvor sind sie mit Feuerwaffen in Berührung gekommen. Doch sie erholen sich innerhalb erstaunlich kurzer Zeit, nehmen allen Mut zusammen und bringen den Spaniern erhebliche Verluste bei. Cordoba selbst erliegt wenig später auf Kuba seinen zahlreichen Verletzungen.

Im Gegensatz zu den Plünderern und Abenteurern, die vor Hernán Cortés die neue Welt „erforscht" haben, ist Cortés davon überzeugt, mit einer göttlichen Mission beauftragt zu sein. Er besitzt die Glaubwürdigkeit und Überzeugungsgabe der großen Häuptlinge, die Kühnheit eines großen Strategen, die Entscheidungskraft eines großen Diplomaten.

Nach der Rückkehr der Expedition nach Kuba spricht man nur noch vom Gold auf der Isla Mujeres. Erst sehr viel später erfahren die Spanier, daß es in Yucatán selbst gar kein Gold gibt. Die verschiedenen von Cordoba erbeuteten Gegenstände stammen aus Honduras oder aus sehr viel weiter südlich gelegenen Gegenden, mit denen die Maya Handel treiben. Diego Velásquez, der Gouverneur Kubas, nimmt die Sache allerdings ernst. Er rüstet vier gute Schiffe aus und rekrutiert 200 verläßliche Männer, die er unter das Kommando seines Neffen Juán de Grijalva stellt.

Vor Cozumel angelangt, steuert die Flotte an der Küste entlang in Richtung Süden. Grijalva, der Yucatán zunächst für eine Insel hält, versucht, sie zu umfahren. Als die Expedition die Bucht von Ascension erreicht, läßt er kehrtmachen und umsegelt die Halbinsel nun in umgekehrter Richtung. In Champotón kommt es erneut zu einer Schlacht, die mit einer Niederlage für die Spanier endet. So setzen sie Segel und verlassen das Land der Maya. Sie folgen der Küste und gelangen zu dem 1200 km entfernten Rio Panuco. Grijalva hat sich fest vorgenommen, nicht zu plündern, nur im Notfall zu kämpfen, sondern statt dessen vor allem Handel zu treiben.

Zu Beginn des 16. Jahrhunderts sind die Azteken die wichtigste Macht in Mexiko. Ursprünglich ein unbedeutender kriegerischer Stamm, gelingt es ihnen in weniger als 300 Jahren, ein riesiges Imperium aufzubauen.

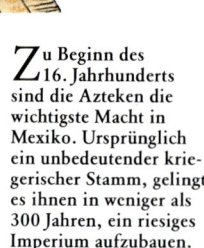

GOLD AUF DER FRAUENINSEL 19

Diego Velásquez, Gouverneur von Kuba, verhilft seinem ehemaligen Sekretär Cortés zu einer ungewöhnlichen Karriere: Er überträgt ihm das Kommando über die dritte Expedition nach Mexiko. Er sucht ihn aufgrund seines starken Charakters aus, aber auch, weil er sein vollstes Vertrauen in ihn setzt. Velásquez erfährt sehr bald von Cortés' Versuchen, auf eigene Rechnung Eroberungen zu machen, und setzt ihn daraufhin als Kommandeur der Flotte ab. Als Cortés hiervon erfährt, treibt er die Einschiffung voran und macht die Flotte noch am gleichen Tag auslaufbereit. Voller Mißtrauen gegen Velásquez kreuzt er drei Monate in den Gewässern vor der Insel, um die ihm fehlenden Männer anzuheuern und um Proviant anzulegen. Dann erst setzt er Segel nach Yucatán.

Nur vereinzelt kommt es zu Kontakten mit den einheimischen Völkern, die die Fremden teils freundlich, teils feindlich empfangen.

Im Verlauf dieser Reise hören die Europäer zum ersten Mal vom Reichtum und der Macht der Azteken, die im Hochland von Mexiko leben. Die Rückkehr der Flotte Grijalvas auf die Insel Kuba nach einer fünfmonatigen Fahrt bewirkt lediglich, daß der Wille der Spanier, das Festland zu erobern, noch weiter wächst. Sie investieren Geld in immer größere und besser ausgerüstete Expeditionen. So schifft sich Hernán Cortés am 18. Februar 1519 mit 11 Schiffen, 508 Soldaten, 110 Matrosen und 16 Pferden ein. Auf Cozumel erfährt er, daß sechs Tagereisen entfernt bärtige Männer wohnen. Cortés schickt ihnen Nachricht, erhält aber keine Antwort.

Da eines seiner Schiffe leckt, ist er gezwungen, eilends in den Ausgangshafen zurückzukehren, um es reparieren zu lassen. In diesem Moment taucht der Jahre zuvor auf Yucatán gestrandete Gerónimo de Aguilar auf. Er weint vor Freude und dankt Gott auf den Knien. Seine größte Sorge ist, ob dieser Tag ein Mittwoch sei. Acht Jahre lang hat er versucht, die christliche Zeitrechnung beizubehalten. Der andere gestrandete Spanier, Gonzalo Guerrero, aber weigert sich, den Stamm und seine Familie zu verlassen.

Cortés sticht wieder in See und steuert gen Norden, umsegelt die Halbinsel und fährt über das Land der Maya hinaus, entlang der Küste von Tabasco und Veracruz. Schließlich geht er an Land und läßt die Schiffe hinter sich verbrennen, um jede Umkehr unmöglich zu machen. Er ist fest entschlossen, das Reich der Azteken zu erobern, was ihm auch innerhalb nur eines einzigen Jahres gelingt.

Dagegen brauchen die Spanier über 20 Jahre, um die Halbinsel Yucatán unter ihre Herrschaft zu bringen. Provinz für Provinz muß unterworfen werden. Oft genug werden die Spanier mit Wurfpfeilen empfangen, aber sie verstehen es, die Feindschaften zwischen den einzelnen Völkern durch Intrigen noch zu vertiefen und die Konflikte für sich auszunutzen.

Die Eroberung von Yucatán wird hauptsächlich mit der Christianisierung der Indianer gerechtfertigt. Die „Männer Gottes" sehen sich jedoch oft gezwungen, sich gegen die brutal mit dem Schwert herrschenden Conquistadores aufzulehnen. Es gibt zahlreiche Ordensbrüder, so Bartolomé de Las Casas, die gegen die Versklavung der Indianer und ihre menschenunwürdige Behandlung durch die Spanier Protest einlegen.

<u>Um dem Satan zu begegnen, muß man ihn kennen. Daher geben sich die Missionare alle Mühe, die Kultur und Bräuche der Maya zu studieren.</u>

1546 unterwirft sich das Fürstengeschlecht der Tutul Xiu, das in der Provinz Mani als bedeutendste politische Macht im Norden Yucatáns herrscht, den Spaniern und läßt sich taufen. Die Prinzen der westlichen Region der Halbinsel folgen ihrem Beispiel. Jetzt müssen nur noch die aufständischen Provinzen des Ostens befriedet werden, was noch mehrere Monate in Anspruch nimmt.

Es sind vor allem spanische Ordensleute, die sich während der Eroberung und Koloni-

DER EIFER DER FRANZISKANER

sierung des Landes für die Maya und ihre Kultur interessieren. Die ersten Franziskaner betreten das Land im Jahr 1535. Um die Indianer schnell zum „rechten Glauben" zu bekehren, müssen sie alles aus dem Weg räumen, was dem entgegensteht. Götzenbilder werden zerstört, Tempel verbrannt, heidnische Riten und Opferhandlungen mit dem Tod bestraft. Vergnügungen wie Bankette, Gesänge und Tänze oder auch künstlerische Tätigkeiten (Malerei, Bildhauerei, Beobachtung der Sterne oder das Schreiben in *Hieroglyphen**) gelten als verdächtig, vom Teufel inspiriert zu sein. Daher werden sie systematisch untersagt und unerbittlich verfolgt.

Die Chronik Diego de Landas, des Bischofs von Yucatán, die „Relación de las cosas de Yucatán" (Bericht über die Angelegenheiten von Yucatán), ist die beste Informationsquelle, die wir über die Maya des 16. Jahrhunderts besitzen. Denn auch wenn dieser Kirchenmann und Inquisitor einen großen Teil der Praktiken der Maya heftig kritisiert, fällt sein Urteil über die Gesamtheit der Indianer doch nicht negativ aus. Im Gegenteil, er bewundert die Maya offen für ihre Moral, in der die abendländischen Tugenden Mut, Willenskraft, Mäßigung und Nächstenliebe eine große Rolle spielen. Er stellt fest, daß die Maya keine Wilden, sondern zivilisierte Menschen sind, die ihre Felder bestellen, Bäume pflanzen sowie schöne, mit Stroh gedeckte Häuser und strahlend weiße Tempel bauen.

Diego de Landa (1524 – 1579), der zugleich Ethnograph und fanatischer Inquisitor ist, erscheint uns heute als eine paradoxe Gestalt. Niemand hat sich so sehr wie er für die Maya und ihre Kultur interessiert. Gleichzeitig ist er einer von denen, die 1562 die wiederauflebende Religion der Indianer mit allen Mitteln zu unterdrücken versuchen, indem sie ihre Anhänger verfolgen, foltern und verbrennen lassen.

* *kursive Begriffe* **siehe Glossar Seite 176.**

Landa ist vom Glanz der Bauwerke und Kunsterzeugnisse beeindruckt und äußert erste Vermutungen über ihre große Zahl.

Größer und schöner noch sind die Ruinenkomplexe, die Landa besichtigt. Er bemerkt, daß „dieses Land, obwohl es ein gutes Land ist, nicht mehr das ist, was es zu seiner Blütezeit war, als so viele bemerkenswerte Gebäude errichtet wurden". In Izamal zieht besonders eines der Gebäude seine Aufmerksamkeit auf sich, so daß er seiner Beschreibung zusätzlich eine kommentierte Skizze beifügt.

In Tihóo (auf dessen Mauern 1542 die Stadt Mérida errichtet wird) zeichnet Landa den Lageplan eines architektonischen Komplexes, der an das „Viereck der Nonnen" von Uxmal erinnert.

Außer den Gebäuden findet er eine Reihe von „Grabmälern" mit eingemeißelten Inschriften. Diese gleichen denjenigen, die er schon in der 120 Jahre vorher verlassenen Stadt Mayapán bewundert hat. Auch die wichtigsten Gebäude von Chichén Itzá einschließlich dem berühmten heiligen Brunnen werden beschrieben. Landa ist über die große Zahl der Ruinen erstaunt und fragt sich nach dem Grund für ihre weite Verbreitung.

Er stellt verschiedene Hypothesen auf: Handelte es sich um eine besondere Art, die Götter zu verehren? Vielleicht wurden die Städte deshalb aufgegeben.

„Sie empfingen uns mit ihrem gewohnten Gebrüll und übersäten uns mit Steinen, die sie mit Schleudern oder mit der Hand warfen, mit Pfeilen und Wurfspießen, die einen großen Teil von uns verletzten. Wir wußten wohl, daß die Feinde es nicht gewagt hätten, uns im flachen Land aufzulauern, und obwohl wir einen anderen Weg hätten wählen können, wollten wir ihnen nicht dadurch einen Beweis für unsere Schwäche liefern, daß wir vorbeigezogen wären, ohne den Mexikanern eine gehörige Lektion erteilt zu haben."
Briefe des Hernán Cortés an Karl V.

DAS VERDIENST DIEGO DE LANDAS 23

Landa befragt die Indianer zu den in Izamal aufgefundenen Monumenten, doch niemand weiß mehr, wer die Erbauer der Bauwerke waren. Landas Menschenverstand sagt ihm, daß sie nur von den Maya selbst erbaut sein können: „Die nur mit einem einfachen Lendenschurz bekleideten und mit verschiedenem Schmuck behangenen Männer, welche man auf den Skulpturen erkennen kann, sind sie (die Maya) selbst."

Landa kann noch nicht wissen, daß der Norden von Yucatán nur die „Spitze des Eisbergs" ist.

Das Siedlungsgebiet der Maya erstreckt sich gegen Ende des Klassikums über die gesamte Halbinsel Yucatán und umfaßt die heutigen Staaten Yucatán, Quintana Roo, Tabasco und Chiapas in Mexiko, die Provinz Petén in Guatemala, den Osten von Honduras sowie den Norden von El Salvador. Nach dem Zusammenbruch der klassischen Zivilisation gegen Ende des 9. Jahrhunderts n. Chr. wird der größte Teil des Maya-Gebiets wieder vom tropischen Regenwald überwuchert, und die Bauwerke geraten in Vergessenheit.

Ihre Wiederentdeckung beginnt erst gegen Ende des 18. Jahrhunderts und ist auch in unserem Jahrhundert noch nicht beendet. Die Voraussetzung für die Erforschung der Ruinen ist zunächst die Erkundung des Landes

Obwohl diese beiden Bilder Episoden aus der Eroberung des aztekischen Reiches darstellen, lassen sie sich genauso auf die Eroberung des Maya-Gebiets übertragen. Links stoßen nicht nur zwei Armeen, sondern zwei Welten aufeinander: unterschiedliche Kleidung, verschiedene Waffen, andere Taktik. Rechts ist eine Gruppe indianischer Träger abgebildet, die Cortés folgt. Es handelt sich hierbei um indianische Hilfstruppen, die aus unterworfenen und folglich christianisierten Völkern stammen. Die Einheimischen tragen das Gepäck der Eroberer mit Hilfe eines Stirnbandes, das in ganz Mittelamerika, vielerorts auch heute noch, benutzt wird.

selbst. Das dauert jedoch Jahrhunderte, zum einen, weil
das Durchqueren des Waldes gefährlich und mühsam ist
und nur sehr langsam vor sich geht; zum anderen, weil das
Tiefland von Chiapas, Belize und im Petén nur wenige
Eroberer und Kolonisatoren anzieht: Es gibt keine Boden-
schätze, wenig Arbeitskräfte, und die Umgebung ist
lebensfeindlich. Kaum ein Missionar wagt sich auf der
Suche nach Seelen, die gerettet werden können, in diese
„grüne Hölle".

Nur ein Mann nimmt das Wagnis auf sich. 1525
durchquert Cortés den Süden des Maya-Gebiets von
Tabasco bis Honduras. Nachdem böse Gerüchte über das
Verhalten seiner Gouverneure in Honduras in Umlauf
kommen, beschließt der große Eroberer, selbst zu über-
prüfen, was davon stimmt, und seinen Machtbereich zu
sichern. Er sammelt 140 spanische Soldaten, 3000 indianische Kämpfer und Träger, 150 Pferde, eine Herde
Schweine, Munition und Lebensmittel. Gautemoc, den
letzten Herrscher der Azteken, Nachfolger des unglücklichen Moctezuma, führt er als Geisel mit.

Die Reise dauert lange, ungefähr sechs Monate.
Zuerst müssen die Sumpfgebiete von Tabasco, die man oft
nur mit Hilfe von schnell errichteten Dämmen oder
Brücken durchqueren kann, bezwungen werden, dann der
undurchdringliche Wald, und schließlich sind da noch die
Berge, in deren Schluchten viele seiner Begleiter den Tod
finden. Die Spanier müssen sich an die Einwohner
wenden, um sich mit Proviant zu versorgen – und
um sich Führer stellen zu lassen. Doch finden sie
meist nur verlassene, manchmal sogar eingeäscherte
Dörfer vor: Die Indianer sind geflohen, da sie die
weißen Männer fürchten. Obwohl er immer wieder
seine guten Absichten beteuert, hat Cortés alle
Mühe, die Einheimischen zu veranlassen, wieder in
ihre Dörfer zurückzukehren.

Das Pferd spielt bei der Eroberung eine große Rolle – nie zuvor haben die Indianer ein so merkwürdiges Wesen gesehen.

Eine Etappe auf der Reise von Cortés ist die Stadt
Tayasal, die auf einer Insel des Sees Petén Itzá liegt. Es ist
die Hauptstadt der Itzá, des mächtigsten Maya-Stammes
der Gegend. Ihr Häuptling Canek ist von der Messe,
die Cortés mit großem Prunk und „mit Gesängen be-

Vor der Ankunft der Europäer in Amerika ist das Pferd hier unbekannt. Beim Anblick der ersten schwerbewaffneten Reiter glauben die Indianer, daß der Mann und sein Reittier ein Geschöpf seien, eine Art Kentaur. Die anfängliche Furcht der Indianer vor dieser Kreatur spielt eine nicht unbedeutende Rolle für den Erfolg der Spanier und damit die rasche Unterwerfung der indianischen Völker.

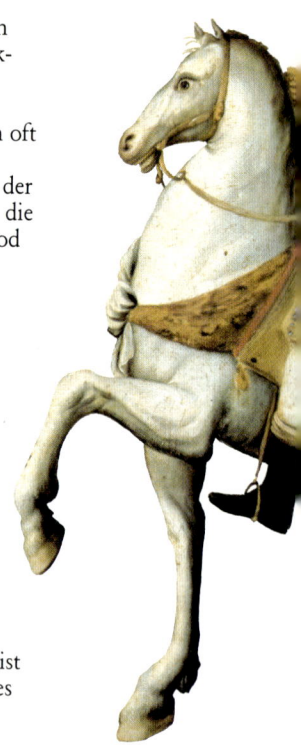

DER FELDZUG DES HERNÁN CORTÉS 25

gleitet von Posaunen und Oboen" feiern läßt, tief beeindruckt. Er erklärt, daß er bereit sei, mit seinen Götzen zu brechen, und bittet darum, daß man ihm ein Kreuz überlasse. Cortés erfüllt seinen Wunsch und vertraut ihm außerdem eines seiner Pferde an, das verletzt ist.

Erst ein Jahrhundert später wird das Schicksal des Pferdes von Cortés bekannt. 1618 finden zwei Franziskaner, die in Tayasal missionarisch tätig sind, das Pferd wieder – als Standbild in einem der Haupttempel der Stadt. Man erzählt, daß die Indianer nach der Weiterreise von Cortés versucht haben, es zu pflegen, indem sie ihm Fleisch und Blumen – eine Behandlung, die nur bedeutenden Leuten vorbehalten war – darboten ... von der sich das Tier aber, wie sollte es anders sein, nicht erholt hat. Die Maya verehren es fortan unter dem Namen Tzimin Chac. Tzimin ist das Maya-Wort für den in den Wäldern Zentralamerikas lebenden Tapir, das Tier, das dem Pferd in den Augen der Maya am meisten ähnelt, und Chac ist der Gott des Regens und des Donners. Beim Anblick des Götzenbildes packt die Patres ein „heiliger Zorn", sie bewaffnen sich mit einem großen Stein, steigen auf das Standbild und zerschlagen es.

Am 21. April 1519 betritt Cortés bei Cempoala erstmals das Festland und empfängt hier die Boten des Aztekenherrschers Moctezuma. Dessen Geschenke entfachen die Goldgier der Eroberer, die sich bald darauf auf den Weg ins mexikanische Hochland begeben, um hier die sagenhaften Schätze der Azteken zu finden. Nach einem Bündnis mit dem den Azteken tributpflichtigen Volk von Tlaxcala und dem Massaker bei Cholula, wobei ein Großteil der indianischen Bevölkerung getötet wird, scheint die Hauptstadt des aztekischen Reiches greifbar nahe. Am 8. November 1519 rückt Cortés mit seinen Truppen in Tenochtitlan ein. Als es am 13. August 1521 fällt, bleiben nur noch Leichen und Ruinen von der Stadt übrig.

Die versammelten Maya drohen daraufhin, sie zu töten, doch einer der Patres beginnt mit lauter Stimme zu predigen, und es gelingt ihm gerade noch, die Gefahr abzuwenden.

Die Missionare wollen nicht auf ihrem Mißerfolg sitzenbleiben und kehren im folgenden Jahr wieder nach Tayasal zurück. Da jedoch die Priester der Itzá ihre Macht und ihren Einfluß bedroht sehen, werden die Missionare erneut vertrieben.

1622 kommt Pater Delgado in Begleitung von 80 bekehrten Indianern nach Tayasal. Sie werden freundlich empfangen ... und auf der Stelle geopfert.

Entgegen den Anweisungen der spanischen Krone erhält Kapitän Mirones vom Gouverneur von Yucatán die Erlaubnis, eine Expedition gegen die Itzá auszurüsten. Mirones quartiert sich in einem Dorf auf halbem Weg zwischen Mérida und Tayasal ein und versucht, indianische Hilfstruppen anzuwerben. Aber die schlechte Behandlung, die er den Indianern angedeihen läßt, stürzt ihn und seine Begleiter ins Verderben: Die Indianer dringen während einer Messe in die Kirche ein, töten alle Spanier, stecken das Dorf in Brand und verschwinden wieder im Urwald.

Nachhaltig schockiert von diesem Ereignis, sehen die Spanier 70 Jahre lang von jedem neuen Abenteuer ab. Erst 1692 begreift Martín de Ursúa, der neue Gouverneur von Yucatán, daß die Stärke der Itzá in ihrer Abgeschiedenheit liegt. Diese gilt es zu brechen, wenn man den Indianern beikommen und sie zum „rechten Glauben" bringen möchte. Ursúas Plan ist, eine Straße zu bauen, die von Campeche ausgeht und bis an den See Petén Itzá führen soll.

Lang vor ihrer endgültigen Fertigstellung macht sich Pater Avendao mit einer Handvoll Begleiter auf den Weg an den See, den er im Januar 1696 erreicht. Er fordert von den Itzá erneut, den Unterwerfungseid auf die spanische Krone zu leisten und sich zum Christentum zu bekehren. Nachdem sie sich beraten haben, antworten die Maya: Es sei ihnen prophezeit worden, daß die Zeit, ihre Götter aufzugeben, noch nicht gekommen sei. „Kommt in vier Monaten nochmals zurück, dann werden wir weitersehen..."

Auf dieser Karte aus dem Jahr 1563 ist Westen nach oben ausgerichtet. Aus ihr geht hervor, daß zu jenem Zeitpunkt die Erforschung der Küsten des neuen Kontinents beachtlich fortgeschritten ist, während man noch kaum etwas über das Innere des Kontinents weiß. Die Antillen, die die Europäer als erstes entdecken und besiedeln, sind detailgetreu und entsprechend unseren heutigen Kenntnissen dargestellt.

MISSIONARISCHER EIFER 27

Auf dem Rückweg versuchen Avendao und seine Begleiter, die neu angelegte Straße wiederzufinden, aber sie verirren sich und streifen wochenlang durch den Urwald. Am Rande der Erschöpfung und halb verhungert entdecken sie schließlich mitten im Dschungel verfallene Gebäude. Obwohl der Pater völlig entkräftet ist, klettert er auf eine der Pyramiden und erspäht Wohnstätten, „die einem Kloster ähneln, in welchem es kleine Kreuzgänge und viele Wohnräume gibt, die alle überdacht, von einer Terrasse umrandet und mit Kalk getüncht sind". Die von ihm beschriebenen Ruinen könnten die von Tikal sein. Im selben Jahr entdeckt eine kleine Expedition, die dem Flußlauf des Usumacinta folgt, eine weitere große Ruinenstadt, der man später den Namen Yaxchilan gibt.

Um endgültig den Widerstand der Itzá zu brechen, entscheidet Gouverneur Ursúa, die stärksten zur Verfügung stehenden Mittel einzusetzen. 1696 schickt er zwei Heeresabteilungen an den See. Doch die Soldaten sehen sich angesichts der Feindseligkeit der Indianer gezwungen, sich zurückzuziehen. Offensichtlich kann man den Itzá nur mit einem großem Aufgebot beikommen. Über ein Jahr lang bereiten sich die Spanier auf den entscheidenden Angriff vor. Zimmerleute schließen sich der Truppe an, um eine *Galeere* und eine *Piroge* zu bauen, auf denen die Soldaten auf die Insel der Itzá transportiert werden sollen.

Am frühen Morgen des 13. März wird der Angriff auf die Stadt eröffnet. Die Bewohner werden von den Detonationen der Kanonen in Panik versetzt, und viele stürzen sich in den See, um schwimmend zu entkommen. Nach ihrem Sieg zerstören die Spanier die Götterbilder und Tempel in der verlassenen Stadt. Ursúa bestimmt den Standort der künftigen Kirche, die auf den Ruinen des großen Haupttempels errichtet wird. Zwei Jahrhunderte nach der Entdeckung des Kontinents durch Christoph Kolumbus ist die letzte Bastion des Widerstands im Maya-Gebiet gefallen. Einer Zahl Maya gelingt jedoch die Flucht in die unzugänglichen Gebiete des Petén, wo sich Zellen des Widerstands bis in unser Jahrhundert gehalten haben. Der letzte unabhängige Indianerstaat in Quintana Roo wird erst 1910 dem mexikanischen Staatenbund eingegliedert.

Die lange und schwierige Eroberung läßt den Spaniern nicht viel Muße, die Spuren der Vergangenheit zu erkunden und sich für die Bedeutung der Ruinen zu interessieren. Cortés ist an großen Ruinen vorbei-

Petrus Aluaradus, de Mendozza

MASSAKER AN DEN ITZÁ

n dem Landvogt in new Hispanien Antonio Sibolla geschickt wurde/ der wirdt fast mit allem on den Kalifornern erschlagen. **XXII**

Die schnelle Eroberung der mittelamerikanischen Länder durch eine Handvoll Spanier bleibt ohne Beispiel: Innerhalb von zwei Jahren ist das gewaltige aztekische Imperium zerschlagen, die Provinzen von Guatemala werden in nur 15 Monaten von Pedro de Alvarado, einem Leutnant in Diensten von Cortés, unterworfen. Unzugänglichere Gebiete wie der Petén hingegen werden erst gegen Ende des 17. Jahrhunderts endgültig unterjocht. In anderen Regionen, wie in Yucatán oder in Neu-Galizien, dem heutigen mexikanischen Bundesstaat Jalisco, wehrt sich die Bevölkerung zunächst mit Erfolg gegen die Conquistadores. Der Widerstand in Yucatán hat also Tradition und reicht bis in unser Jahrhundert hinein.

gezogen, ohne auch nur etwas von ihrer Existenz zu ahnen. Für Pater Avendao wie für die Entdecker von Yaxchilan bleiben diese Funde zufällig, vereinzelt und vor allem ohne Folgen. Die Berichte über Entdeckungen von Ruinen in dieser Epoche werden lange Zeit für belanglos gehalten und erst Jahrhunderte später beachtet. Das gilt auch für den Bericht, den Diego de Palacio, Richter des Obersten Gerichts von Guatemala, im Jahr 1576 über die Ruinen von Copán (Honduras) verfaßt. Obwohl der Bericht an den König von Spanien gerichtet ist, bleiben die darin erwähnten Ruinen zweieinhalb Jahrhunderte lang unauffindbar.

Zweites Kapitel
KÜNSTLER UND ABENTEURER

Im Jahr 1746 erreichen Pater Juan Diáz de Solis, seine Brüder und deren Frauen samt einer Schar Neffen Santo Domingo de Palenque im Süden von Mexiko. Auf der Suche nach Ackerland durchstreift die Familie den Urwald – und stößt dabei auf „Steinhäuser", die offensichtlich schon vor langer Zeit verlassen worden sind. Ohne es auch nur zu ahnen, haben sie eines der bedeutendsten Kultzentren der Maya entdeckt.

Im Vordergrund dieser „malerischen" Ansicht des Palastinnenhofes von Palenque stellt Waldeck ein klaffendes Loch dar, das offensichtlich die Folge einer „unsachgemäßen Ausgrabung" ist. Die „furchterregenden Geräusche", die der Wind in den Bäumen um den Turm erzeugt, nähren seiner Meinung nach den Glauben, daß der Ort verflucht ist.

32 KÜNSTLER UND ABENTEURER

Pater de Solis, der von seinem Bischof nach Chiapas entsandt wurde, stammt aus ärmlichsten Verhältnissen und wuchs in einer Gegend auf, wo bestenfalls einige wenige Kirchen aus Stein gebaut sind. Man kann sich die Verwunderung der Familie des Priesters angesichts der monumentalen Steinbauten vorstellen, die sie nach und nach im Dschungel entdecken. Die Faszination, die von diesen Monumenten ausgeht, erfaßt auch heute noch jeden Besucher der inzwischen freigelegten und restaurierten Anlage.

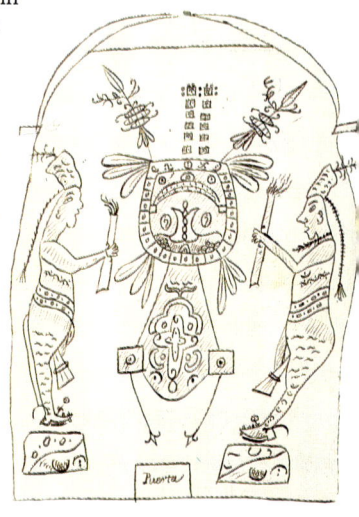

Palenque nimmt in der Geschichte der Erforschung der Maya-Kultur eine Sonderstellung ein. Wenn auch die meisten der Tempelbezirke erst im 20. Jahrhundert „entdeckt" werden, so stellt sich doch oft heraus, daß schon Jahre zuvor Missionare, Militärs oder Beamte die Ruinen aufgesucht haben. Die Spuren ihrer Besuche läßt sich in manchen Archiven verfolgen, auch wenn die Stätten danach erneut in Vergessenheit geraten. Hier bildet Palenque eine Ausnahme: Die von Pater de Solis entdeckten Ruinen werden seitdem von einem nicht abreißenden Strom von Neugierigen, Abenteurern, Wissenschaftlern und Touristen heimgesucht. Das liegt zum einen daran, daß Palenque bequem zu erreichen ist. Zum anderen sind die Ruinen – im Gegensatz zu denen an anderen Fundstellen – noch ausgesprochen gut erhalten.

<u>**Ramón Ordónez hört bereits in seiner Schulzeit von der Geschichte der Entdeckung Palenques. Sein Lehrer ist einer der Großneffen des Pater de Solis.**</u>

Im Jahr 1773, nachdem der mittlerweile volljährige Ramón Ordónez in den Orden der Franziskaner eingetreten ist, weist er den Gouverneur von Guatemala, Don José Estacherna, auf das Vorhandensein der Ruinen hin. Daraufhin entsendet Don José 1784 einen einheimischen Beamten

Diese aus dem 18. Jahrhundert stammende Zeichnung eines Reliefs aus dem Sonnentempel in Palenque ist eine der ältesten, die wir kennen. Vergleicht man sie mit der erst vor kurzem erstellten originalgetreuen Skizze rechts oben, bemerkt man, daß der Zeichner nicht in der Lage ist, die Motive zu identifizieren und darzustellen. Auch wenn er das Schild und die zwei Lanzen richtig ausmacht, so bleibt doch der Kopf des Jaguars darunter unerkannt.

DIE ENTDECKUNG VON PALENQUE 33

Vergleicht man die beiden Zeichnungen weiter, so fällt außerdem auf, daß die knienden Gottheiten und die primitiv dargestellten Hauptfiguren mit den seltsamen, chinesisch anmutenden Zöpfen (auf dem linken Bild) ebenfalls einige Veränderungen über sich ergehen lassen mußten.

Auf der Skizze des Kreuz- und des Sonnentempels unten rechts sind die Grundrisse und die Gewölbeschnitte der Gebäude recht gut wiedergegeben. Dagegen sind die der damaligen europäischen Architektur unbekannten Dachaufbauten nicht dargestellt.

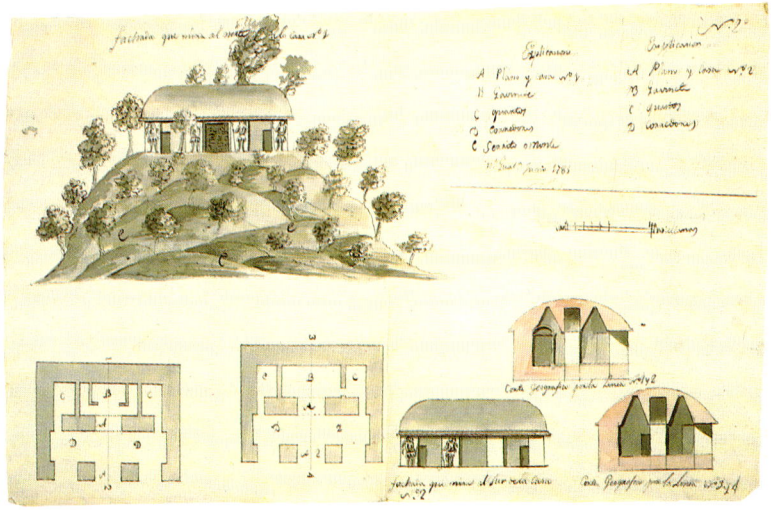

Der Palast von Palenque, hier in einer zeitgenössischen Ansicht von L. Castañeda, ist ein architektonischer Komplex von 100 m x 80 m, dessen Bauzeit sich über insgesamt 120 Jahre erstreckte. Die ersten, im 7. Jahrhundert errichteten Gebäude umrahmen drei Innenhöfe. Später fügte man am Rand lange, gewölbte Gebäude an. Eine Mauer in der Mitte trennt zwei Säulengänge, wovon der eine nach außen und der andere auf einen Innenhof führt.

namens José Antonio Calderón, der eine Inventur der Fundstelle vornehmen soll. In seinem Bericht erfaßt dieser insgesamt 220 Gebäude, davon 18 Paläste, 22 größere Anlagen und 168 Wohnhäuser. Irrtümlicherweise schließt er aus der Anordnung der Gebäude, daß dazwischen ursprünglich Straßen verliefen.

1785 schickt Gouverneur Estacherna den Architekten Antonio Bernasconi nach Palenque. Dessen Bericht beinhaltet auch einen genauen Plan und eine Schätzung über die Ausmaße der Anlage. Danach erstrecken sich die Ruinen in einem Umkreis von über sechs Meilen um das Zentrum. Des weiteren fertigt Bernasconi architektonische Zeichnungen an, insbesondere skizziert er Aufrisse und Schnitte der Gewölbekonstruktionen. In seiner abschließenden Bemerkung weist er darauf hin, daß die Stadt weder durch ein Erdbeben noch durch einen Vulkanausbruch zerstört, sondern vielmehr aus nicht ersichtlichen Gründen von der Bevölkerung aufgegeben worden sei.

Systematisch werden die Ruinen geplündert, um die wertvollen Kunstwerke auf Verlangen des Königs von Spanien nach Europa zu senden.

Die Nachricht von den Kunstschätzen Palenques erreichen sehr bald den kunstbegeisterten spanischen König Karl III. Seine Leidenschaft für derartige Dinge ist allgemein bekannt. Bereits vor seiner Krönung zum König von Spanien finanziert er – noch als König von Neapel – die ersten Ausgrabungen im antiken Pompeji. Seine Sammlung klassischer Altertümer ist weithin berühmt. Nachdem sich Karl III. mit dem Experten für die Geschichte der Neuen Welt, Jean-Baptiste Munoz, verständigt hat, erteilt er dem Gouverneur von Guatemala den Befehl, die Erforschung von Palenque durch weitere Ausgrabungen voranzutreiben. An Stelle des inzwischen verstorbenen Bernasconi begibt sich Hauptmann Antonio del Rio nach Palenque, um die Ausführung des Befehls persönlich zu überwachen. Am 5. Mai 1786 trifft er dort ein. Er verpflichtet zunächst 79 indianische Hilfsarbeiter, die Umgebung der Ruinen zu roden und abzubrennen.

Diese Zeichnung zeigt einen Herrscher zwischen zwei Besiegten, die an der Geste der Unterwerfung zu erkennen sind. Doch entspricht keines der wiedergegebenen Details dem Original.

Del Rio plündert die Ruinenanlage systematisch. Bei der Auswahl der Kunstwerke geht er dabei recht wahllos vor. Alle transportablen Stukkaturen, Portraitköpfe und Stuckreliefs werden ohne Rücksicht auf ihren historischen Wert von den Gebäuden entfernt, Inschriften durch das Herausbrechen besonders gut erhaltener einzelner Passagen zerstört und größere Kunstwerke verstümmelt.

„Dank meiner Beharrlichkeit habe ich alles durchgeführt, was getan werden mußte, so daß schließlich weder ein Fenster noch eine Tür übrigblieb, die noch versperrt, keine Wand, die nicht eingerissen, noch ein Gemach, Korridor, Hof, Turm oder unterirdischer Gang, in dem nicht Ausgrabungen bis zu einer Tiefe von zwei oder drei *varas* gemacht worden wären."

Die so erbeuteten Kunstwerke werden allesamt der Königlich-Naturgeschichtlichen Sammlung in Madrid einverleibt. Noch heute befinden sich die wertvollsten Zeugnisse der altamerikanischen Kulturen in europäischen Museen.

<u>**Man kann kaum glauben, daß eine derartige architektonische Fertigkeit allein den Indianern zuzuschreiben ist.**</u>

Der nüchtern abgefaßte Bericht del Rios wird erst im Jahr 1822 in englischer Sprache, illustriert mit den Zeichnungen von J. F. Waldeck, veröffentlicht. In den Augen del Rios und seiner Zeitgenossen sind allein die europäischen klassischen Kulturen von grundlegender Bedeutung. Nur von ihnen kann ein Impuls für die Entwicklung aller anderen Zivilisationen ausgegangen sein. Da die Bauten in Palenque so meisterhaft angelegt sind, folgert er daher, daß sie unter griechischem oder römischem Einfluß entstanden sein müssen. „Ich lege meine Hand nicht dafür ins Feuer, daß die Eroberer (die Römer) in diesem Land gelandet sind; es scheint jedoch sehr wahrscheinlich, daß Vertreter dieses zivilisierten Volkes die Region besucht haben."

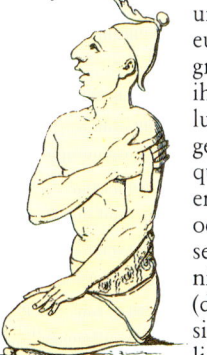

Die Skulptur auf der Rückenlehne des Thrones stellt den Priesterkönig Pacal von Palenque dar, wie er aus den Händen seiner Mutter eine Krone empfängt. Aus unverständlichen Gründen interpretiert Waldeck die Hauptfigur fälschlicherweise als Königin. Später (in einer neuen Deutung von Brasseur de Bourbourg) wird aus der Königin die „Äthiopierin".

38 KÜNSTLER UND ABENTEURER

20 Jahre später besucht der österreichische Hauptmann Guillermo Dupaix im Auftrag des neuen spanischen Königs Karl IV. die Ruinen von Palenque. Seine Aufgabe ist es, in ganz Mexiko Erkundungen mit dem Ziel durchzuführen, alle aus der Zeit vor der Eroberung durch die Spanier stammenden Ruinen und Monumente zu erfassen.

Obwohl er seine eigentliche Karriere bei der spanischen, später bei der mexikanischen Armee macht, erscheint Dupaix auf Grund seiner klassischen Ausbildung, die er in Italien erhielt, als der geeignete Mann für die Durchführung der Mission. Auch ist die Archäologie für ihn kein Neuland. Bereits in den Jahren 1805 und 1807 unternimmt er insgesamt drei archäologische Forschungsreisen, wobei er im Rahmen der dritten Reise auch die Ruinen von Tonina und Palenque besichtigt. Ein mexi-

Dupaix und Castañeda zeichnen im Verlauf ihrer archäologischen Forschungsreise auch das, was sie an Schönem und Malerischem am Wegrand vorfinden: so auch diese Brücke auf dem Weg nach Palenque.

DUPAIX UND CASTAÑEDA

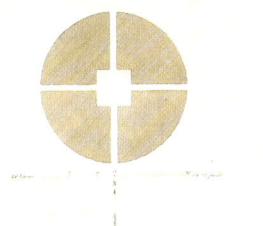

kanischer Zeichner, Luciano Castañeda, begleitet ihn auf seinen Forschungsreisen. Die nach seinen Zeichnungen angefertigten Stiche werden jedoch vor ihrer Veröffentlichung noch mit allerlei dem Zeitgeschmack entsprechendem, aber überflüssigem Beiwerk versehen.

Die Zusammenarbeit zwischen Castañeda und Dupaix erweist sich als äußerst fruchtbar. Dupaix selbst ist ein ausgezeichneter Beobachter. So fällt ihm u.a. auf, daß für die Steinbauten der Maya nur Naturstein, nicht aber Ziegel verwendet werden (Comalcalco ist die einzige Ausnahme unter den Maya-Städten), daß die Tür- und Fensterstürze aus Holz gefertigt und offenbar zwei verschiedene Techniken zur Anfertigung von Flachreliefs angewandt worden sind.

In dieser Darstellung versuchen Dupaix und Castañeda den Zustand der Ruinen vor der Ausgrabung wiederzugeben. Meist sind die Bauten vollkommen vom Urwald überwuchert oder erscheinen wie hier als unförmige, zerborstene Hügel.

INTERPRETATION DER ZEICHNER 41

Drei Bilder eines Stuckreliefs aus dem Palast von Palenque. Ein Lehrer weiß, daß zwei Schüler voneinander abgeschrieben haben, wenn dieselben Fehler in beiden Arbeiten erscheinen. Das kann man auch hier feststellen, wenn man eine Zeichnung, die Waldeck del Rio zuschreibt (links), mit einer, die Castañeda zugeordnet wird (oben rechts), vergleicht. In beiden Fällen hat sich der Schlangenkopf des Originals in eine Blume verwandelt, die Frisur der Frau ist frei gestaltet, die Klinge der Axt hat sich in ein Band verwandelt... Der Sockel mit den Köpfen ist ebenso frei erfunden. In der nebenstehenden Zeichnung von Waldeck werden auch seine Schwierigkeiten, sich von den vorherigen Interpretationen freizumachen, deutlich.

1830 schließlich wird der Reisebericht des G. Dupaix erstmals einer breiteren Öffentlichkeit zugänglich gemacht und von Lord Kingsborough in Buchform veröffentlicht. Vier Jahre später erscheinen, u.a. basierend auf dem Bericht von Dupaix, die neun Bände der „Antiquities of Mexico". In dieser für die damalige Zeit typischen Veröffentlichung dienen die Schilderungen von Dupaix jedoch hauptsächlich als Grundlage für die Betrachtungen hervorragender zeitgenössischer Intellektueller. So publiziert der bekannte Archäologe und Spezialist für französische Denkmäler, Alexandre Lenoir, in diesem Zusammenhang seine Abhandlung über die „Parallelen zwischen den alten Denkmälern Mexikos, Ägyptens, Indiens

Nachdem Copán im 9. Jahrhundert n. Chr. verlassen wurde, begann der Fluß, die Gebäude zu untergraben und einen 30 m hohen Einschnitt freizulegen, auf dem man Mauerstücke, stuckierte Böden und lange Tunnels erkennen kann. Galindo (links) glaubt, vor einer von vielen Fenstern durchbrochenen Mauer zu stehen, und nennt den Ort daher „Las Ventanas".

EUROPÄISCHER EINFLUSS? 43

und dem Rest der Alten Welt". Gleichzeitig veröffentlicht Charles Farcy seinen „Diskurs über die zwei am europäischen historischen Kongreß aufgeworfenen Fragen, das heißt zum einen Erörterung und Feststellung des historischen Wertes der die amerikanische Geschichte betreffenden Dokumente und zum anderen die Ermittlung eventuell existierender Verbindungen zwischen den Sprachen der verschiedenen amerikanischen Völker und den Völkern Afrikas und Asiens". Bemerkenswert ist, daß die geistige Elite Europas sich lange nicht von der Vorstellung lösen will, daß sich die altamerikanischen Kulturen nicht eigenständig entwickelt haben. Sie sind vielmehr nach wie vor davon überzeugt, daß die klassischen Kulturen der Alten Welt Vorbild und Inspiration lieferten. Zur Untermauerung dieser Theorie stellt man Vergleiche zwischen verschiedenen Aspekten dieser Kulturen an und versucht gleichzeitig zu beweisen, daß bereits frühzeitig Kontakte zwischen der Alten und der Neuen Welt existierten.

Obwohl Dupaix als einer der ersten darauf hinweist, daß es sich im Fall der mexikanischen Kulturen durchaus um eine eigenständige Entwicklung handeln kann, dauert es noch lange, bis diese These allgemeine Anerkennung findet.

Im Alter von 16 Jahren verläßt Juan Galindo, Sohn eines Schauspielers, sein Vaterland Irland mit dem Ziel Amerika.

1827 tritt Galindo in die Dienste des zentralamerikanischen Staatenbunds ein (zu dem bis 1838 Guatemala, Honduras, El Salvador, Nicaragua und Costa Rica gehören). Zum Oberst ernannt, wird er Militärgouverneur der Provinz Petén und führt in dieser Eigenschaft im Jahr 1831 eine Erkundungsreise nach Palenque durch. Noch im selben Jahr besucht er die Ruinen der Stadt Topoxté, die auf einer Insel im gleichnamigen See liegt. Erst drei Jahre später trifft er zum ersten Mal in Copán ein, wo er sich über einen Monat lang aufhält. In dieser Zeit beschreibt er die erhalten gebliebenen Bauwerke und fertigt eine Reihe Skizzen davon an. Neben einem Plan der archäologischen Stätte und der Umgebung führt er einige Ausgrabungen durch.

Galindo hält die charakteristische Kleidung der Menschen, die ihm auf seinem Weg begegnen, in seinen Zeichnungen fest.

KÜNSTLER UND ABENTEURER

Galindo beobachtet wie bereits 200 Jahre zuvor Diego de Landa, daß die Kleidung der auf den Reliefs abgebildeten oder skulptierten Personen sich nicht auffallend von derjenigen der heutigen Bewohner Yucatáns unterscheidet.

Aus dieser Beobachtung schließt er, daß die Erbauer der alten Städte und die heutigen Maya Angehörige des gleichen indianischen Volkes sind. „Aber sie haben", so schreibt er, „zweifellos vor den Azteken gelebt, denn wenn Azteken und Maya zur gleichen Zeit gelebt hätten, wären die Azteken mit Sicherheit der Hieroglyphenschrift der Maya, die diese als einzige in Amerika entwickelt haben, kundig gewesen."

Im 19. Jahrhundert genießt die Pariser Gesellschaft für Geographie international einen außerordentlich guten Ruf. Reisende und Forscher aus der ganzen Welt sehen hier das geeignetste Forum zur Veröffentlichung ihrer Berichte. So sendet auch Galindo insgesamt 32 Briefe an die Gesellschaft, von denen ein großer Teil abgedruckt wird. Zusätzlich verfaßt er Abhandlungen über andere zentralamerikanische Länder und fertigt geographische Karten davon an. Für seine Leistungen will ihn die Gesellschaft mit einer silbernen Medaille ehren – Galindo ist jedoch nicht mehr in der Lage, diese persönlich entgegenzunehmen. Kurz zuvor, im Alter von nur 38 Jahren, findet er in den Wirren des zentralamerikanischen Bürgerkriegs den Tod.

Graf Johann Friedrich Maximilian von Waldeck – Maler und Abenteurer.

Waldeck ist mit Sicherheit eine der schillerndsten Persönlichkeiten unter den frühen Forschungsreisenden. Keiner verkörpert wie er den draufgängerischen Abenteurer und Helden. Als Meister der Erzählkunst und ausgerüstet mit einer blühenden Phantasie versteht er es zudem, seine Zuhörer mit Geschichten über Piraterie, Unabhängigkeits-

„Im Landesinnern von Yucatán reist man auf eine Art und Weise, die derjenigen ähnelt, die im östlichen Indien gebräuchlich ist. Man wird von Männern in einer zugedeckten Sänfte getragen, die coche (sprich: kotsche) genannt wird…

DIE ERKENNTNISSE DES JUAN GALINDO 45

kriege und waghalsige Unternehmungen in den Bann zu schlagen. Selbstverständlich spielt er selbst bei allen seinen Abenteuern die Rolle des Hauptdarstellers und Helden. Seiner eigenen Schilderung zufolge hat er 42 Revolutionen erlebt und ist in zahlreichen Schlachten, Gefechten und Hinterhalten mehrere hundert Male nur mit knapper Not dem Tod entkommen. Als großer Verehrer von Napoleon Bonaparte begleitet er diesen auf seinem Ägyptenfeldzug. Später dient er dem exzentrischen Seefahrer Lord Cochrane während der Befreiung von Chile.

…Ist man erst einmal an diese Art Palankin (orientalische Sänfte) gewöhnt, so zieht man sie dem Pferd vor, weil man darin vor Regen und Sonne geschützt ist und nach Belieben lesen oder schlafen kann."
J. F. M. von Waldeck, Malerische Reise in der Provinz Yucatán

Romantischer Realismus

Ein schönes Beispiel für die romantisierende Kunst Waldecks bietet diese Landschaftsstudie. Der Berg im Hintergrund erscheint als die vergrößerte Nachbildung des Kreuztempels und der mit Pflanzen überwucherten Pyramide. Wie auf zahlreichen anderen Gebäuden in Palenque ist das Dach mit einem durchbrochenen First aus Ziegeln versehen. Diese Konstruktion war verputzt, bemalt und stukkiert und entsprach dem ästhetischen Empfinden der Erbauer für Proportionen.

Malerische Ansicht

Waldeck stellt seine Landschaften in einer Weise dar, daß die Jahrhunderte zuvor von den Maya errichteten Gebäude lediglich als Kulisse für romantische Szenen dienen, die dem klassischen Ideal der Europäer entsprechen. Das gilt auch für diese malerische Ansicht von den Überresten des Palastes in Palenque. Die im Vordergrund dargestellten Personen und Tiere sind in den „Alten Monumenten Mexikos" auf Verlangen von Brasseur de Bourbourg entfernt worden.

Seine künstlerische Ausbildung verdankt Waldeck den französischen Historienmalern Jacques Louis David (1748 – 1825) und Pierre Prud'hon (1758 – 1823). Als Sproß einer deutsch-böhmischen Grafenfamilie verfügt er über genügend Mittel, um bereits frühzeitig ausgedehnte Forschungsreisen zu unternehmen.

1785 bereist er Südafrika, 1819 Chile und schließlich Mexiko (1831) und Yucatán (1834/36). Auf seinen Reisen fertigt er eine Reihe miniaturartiger Aquarelle nach den dortigen Kunstdenkmälern an. Die Mehrzahl seiner Gemälde befindet sich heute im Besitz des französischen Staates.

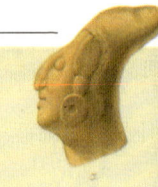

Diese von Waldeck originalgetreu abgebildeten Fragmente stammen von Keramikpfeifen. Neben Würdenträgern, Kriegern und Frauen findet man auch häufig Fabelwesen und menschliche Körper mit realistischen oder phantasievollen Tierköpfen.

Erst sehr spät, im Alter von 55 Jahren, kommt Waldeck erstmals mit den Denkmälern der Neuen Welt in Berührung. Er erhält den Auftrag, Stiche nach den Vorlagen des guatemaltekischen Architekten Ricardo Almendáriz anzufertigen, die den Bericht von Hauptmann del Rio illustrieren sollen.

In einem Brief an die Gesellschaft für Geographie schildert Waldeck diese für ihn entscheidende Erfahrung wie folgt: „Ich bin zum Teil der Grund für die Veröffentlichung des sehr unvollständigen Werkes von del Rio in London: 1822 wurde es von Doktor May Quy, der es mir zeigte, aus Amerika mitgebracht. Er verkaufte es an den Buchhändler H. Berthoud, und ich wurde damit beauftragt, Stiche davon anzufertigen. Wie Sie auf den meisten Stichen unten sehen können, sind sie mit J.F.W. signiert, und einer davon trägt meinen ganzen Namen. Von dem Moment an, als ich die Federzeichnung dieses Werkes sah, hatte ich Zweifel daran, daß sie originalgetreu seien, und so hegte ich den heimlichen Wunsch, die Originale selbst zu sehen und zu zeichnen."

Der mittlerweile sechzigjährige Waldeck lebt länger als ein Jahr in einer Hütte, um ungestört die Monumente von Palenque zeichnen zu können. 1825, nach einem bewegten und abwechslungsreichen Leben und zu einem Zeitpunkt, an dem andere Forscher in den Ruhestand zu treten pflegen, scheint Waldeck sein Wanderleben beenden zu wollen und nimmt eine Stelle als Ingenieur in einer Silbermine von Michoacan, einem Bundesstaat im

DER MALENDE GRAF 51

Westen Mexikos, an. Aber schon bald sucht er nach neuen Betätigungsfeldern. Ohne das Ende seines Vertrages abzuwarten, zieht er nach Mexiko-Stadt, um hier seinem neu erwachten Interesse für mexikanische Antiquitäten nachgehen zu können. Regelmäßig besucht er das Anthropologische Nationalmuseum und zeichnet die hier ausgestellten Gegenstände. Seine Zeichnungen veröffentlicht er 1827 unter dem Titel „Sammlung mexikanischer Antiquitäten".

Soweit es ihm die Zeit erlaubt, bereist und besucht er eine Vielzahl historischer Stätten. Sein größter Traum, auf dessen Verwirklichung er zielstrebig hinarbeitet, ist es, die Bauwerke von Palenque zu zeichnen. Mit der Unterstützung des mexikanischen Vizepräsidenten startet Waldeck schließlich eine Werbekampagne, um die Expedition

Vielleicht handelt es sich um mythologische Darstellungen übernatürlicher Geschöpfe oder um maskierte Männer, die an einem Ritual teilnehmen. Gerade in Palenque finden sich besonders schöne Exemplare mit Jaguar-, Vogel- und Affenköpfen, die unzähligen Exemplare mit bizarren Fratzengesichtern – weder Mensch noch Tier – nicht eingerechnet.

finanzieren zu können. Doch der Erfolg läßt auf sich warten. Auch ein Jahr reicht nicht aus, um die zur Ausrüstung des Unternehmens notwendigen Gelder zusammenzubekommen. Da verliert Waldeck die Geduld, steckt sein gesamtes Vermögen, ein Drittel der eigentlich benötigten Summe, ein und begibt sich nach Palenque. Endlich, im Jahr 1832, trifft er dort ein.

Am Ziel seiner Wünsche angelangt, richtet er sich in einer primitiven Hütte am Fuße des Kreuztempels ein. Länger als ein Jahr lebt und arbeitet er hier. Das Resultat seiner Arbeit besteht aus einer großen Zahl von ihm gezeichneter Pläne und Stucksculpturen sowie einer Reihe seiner „malerischen Ansichten" der Ruinen.

Mit der schwülen Hitze, den Moskitos und der Feuchtigkeit fertig werden, tagelang dem strömenden Regen ausgesetzt sein, niemanden haben, mit dem man sprechen kann – um das alles ertragen zu können, braucht der Sechzigjährige eine außerordentlich gute körperliche Verfassung, viel Mut, aber vor allem eine unerschöpfliche Begeisterung für seine Arbeit. Dank der großzügigen Unterstützung von Lord Kingsborough kann er sein Werk fortsetzen.

Außer Palenque besucht und zeichnet Waldeck noch die Ruinenstätten von Mayapán, Tonina und Uxmal. Doch nur ein geringer Teil seines Werkes wird veröffentlicht. Immerhin illustrieren 65 seiner Lithographien das 1866 erschienene Buch „Alte Baudenkmäler Mexikos, Palenque und andere Ruinen der alten Kultur Mexikos" von Pater Brasseur de Bourbourg.

Auch wenn Waldeck ein Mensch mit außerordentlicher schöpferischer Kraft ist, hat doch sein Werk keinerlei Bedeutung für die Wissenschaft. Der Grund hierfür liegt sicherlich nicht nur in seiner Auffassung von der Herkunft der alten Kulturen Amerikas. Auch er ist als Mensch der ersten Hälfte des 19. Jahrhunderts überzeugt –

Waldeck ist, so scheint es, der erste, der das Portrait eines Indianers neben einer klassischen Skulptur der Maya abbildet. Er beabsichtigt damit zu beweisen, daß es sich um ein und dieselbe „Rasse" handelt.

Dieses als das „Schöne Relief" bekannte Gemälde (rechts) ist, obwohl von Waldeck in klassisch-griechischer Weise idealisiert dargestellt, von unschätzbarem Wert. Nicht zuletzt deshalb, weil das Original heute nahezu vollkommen zerstört ist. Der Herrscher sitzt auf einem Thron in der Form eines doppelköpfigen Jaguars. Bei genauer Betrachtung der Hieroglyphen fallen Elemente wie eine Panflöte und Keilzeichen auf, die jedoch ausschließlich auf Waldecks Einbildungskraft und seine Art der ungenauen, historisierenden Darstellung zurückzuführen sind.

DIE „MALERISCHEN ANSICHTEN" 53

wie im übrigen auch Pater Brasseur de Bourbourg und
viele seiner Zeitgenossen –, daß die große Kultur, deren
Ruinen er zeichnet, ihren Ursprung in der Alten Welt hat.
Daher ist er stets darum bemüht, dieser Überzeugung
durch Aufzeigen von hinduistischen, hebräischen, griechi-
schen oder ägyptischen Stilelementen Nachdruck zu

KÜNSTLER UND ABENTEURER

Diese Darstellung einer Kolossalstatue in griechisch-ägyptischem Stil an der Fassade des Wahrsagertempels in Uxmal (links) ist ein weiteres Beispiel für die Kunst Waldecks. Es handelt sich nicht um die Abbildung einer real existierenden Figur, vielmehr läßt sich der Künstler von kleinen, ungefähr 50 cm hohen Statuen, die die Fassaden eines anderen Tempels schmücken, anregen.

Im Vordergrund dieser Ansicht eines der Gebäude des Palastes von Palenque (rechts) ist der Kampf einer Riesenschlange mit einem Leguan dargestellt. Rechts vom Tor erkennt man eines der Wappen, die zu diesem Zeitpunkt offenbar noch gut erhalten sind. Heute existiert lediglich noch die Umrahmung. Waldeck hat sich offenbar die Zeit damit vertrieben, die Graffiti und Inschriften der Reisenden, die sich im Laufe der Zeit auf den Palastmauern verewigten, wiederzugeben. Rechts im Bild die schriftliche Hinterlassenschaft eines gewissen Guilhou, der die Ruinen im Jahr 1832 besuchte; links informiert die lange Inschrift des französischen Arztes Corroy die Nachwelt darüber, daß er, seine Frau und seine beiden Kinder sich im selben Jahr zum dritten Mal nach Palenque begeben haben.

verleihen. Und in diesem Bemühen schreckt Waldeck auch nicht davor zurück, der Wirklichkeit auf die Beine zu helfen, um sie dadurch mit seiner Überzeugung in Übereinstimmung zu bringen. So versieht er eine Maya-Figur mit einer Freiheitsmütze, verleiht ihr eine anmutige neoklassische Pose und verwandelt andere Skulpturen in höchst überzeugende Elefanten. Der dokumentarische Wert der „malerischen Ansichten" bleibt daher äußerst fragwürdig.

Nachdem Waldeck elf Jahre in Mexiko verbracht hat, kehrt er nach Paris zurück und gibt seine „Malerische Reise in die Provinz von Yucatán" heraus. Darin werden zahlreiche Ruinen beschrieben, aber Waldeck räumt auch den damaligen Bewohnern von Yucatán einen großen Platz ein. Mit 84 Jahren heiratet er eine junge Engländerin, die ihm einen Sohn namens Gaston gebiert.

In seiner Wohnung in der Rue des Martyrs am Montmartre lebt er bescheiden und zurückgezogen, nur umgeben von seinen Erinnerungen und Gemälden. Er verfaßt eine Reihe von Artikeln, malt und stellt seine Bilder aus.

Graf Waldeck stirbt am 30. April 1875 im Alter von 110 Jahren bei einem selbstverschuldeten Verkehrsunfall – er soll einem hübschen Mädchen nachgesehen haben.

DER TOD DES GRAFEN

Drittes Kapitel
DIE ZEIT DER GELEHRTEN

Im Jahr 1805 wird im Staat New York der Mann geboren, den man als den wirklichen Entdecker der alten Maya-Kultur bezeichnet: John Lloyd Stephens. Sein Werk, das sich durch seine Exaktheit und Brillanz auszeichnet, so daß es auch heute noch dokumentarischen Wert für die Archäologen besitzt, stößt auf weltweites Interesse und entfacht eine ungewöhnlich lebhafte öffentliche Diskussion über die Rätsel der versunkenen Kulturen Zentralamerikas.

Eine der Besonderheiten der Halbinsel Yucatán ist das Fehlen oberirdischer Gewässer. Die Bevölkerung deckt ihren Wasserbedarf seit jeher aus den sogenannten Cenotes (Maya: dzonot), natürlichen, nahezu kreisförmigen Brunnen, Einsturztrichtern im Kalkgestein. Der Grundwasserspiegel befindet sich oftmals in großer Tiefe: so in Bolonchen, wo die Indianer über lange Leitern hinabsteigen müssen, um an das Wasser zu gelangen.

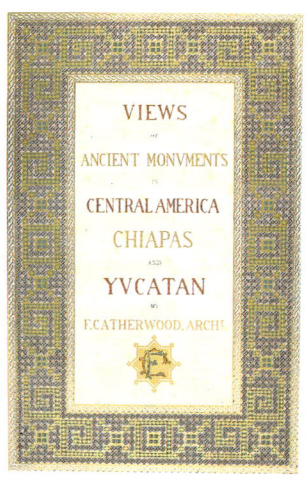

DIE ZEIT DER GELEHRTEN

Stephens' Leidenschaft gilt von jeher der Erforschung der Altertümer. Nach beendetem Rechtsstudium begibt er sich auf eine erste ausgedehnte Forschungsreise, die ihn nach Europa und in den Nahen Osten führt. Nach seiner Rückkehr veröffentlicht er seine „Reiseerlebnisse in Ägypten, Arabien, Petra und dem Heiligen Land", denen bald die „Reiseerlebnisse in Griechenland, der Türkei, Rußland und Polen" folgen.

Ermutigt von dem großen Erfolg seiner Bücher und angeregt durch das Studium der Werke von Oberst Galindo, richtet Stephens nun seine ganze Aufmerksamkeit auf die geheimnisvollen Monumente in den Wäldern von Zentralamerika und Yucatán.

Auf der Suche nach einem geeigneten Reisebegleiter lernt er in London den jungen Architekten und genialen Zeichner Frederik Catherwood kennen. Stephens und Catherwood schließen Freundschaft und planen gemeinsam ihre erste große Forschungsreise nach Mexiko und Guatemala.

Stephens ist davon überzeugt, daß die Erforschung der Ruinen einer exotischen und bisher nahezu unbekannten Kultur ein dringliches Anliegen und von großem öffentlichem Interesse ist.

Stephens und Catherwood sehen sich bereits zu Beginn ihrer Expedition mit ungeahnten Schwierigkeiten konfrontiert. Ganz Zentralamerika ist in hellem Aufruhr, zwischen den Mitgliedern des Staatenbundes tobt der Bürgerkrieg. Die Bevölkerung hungert, ihre Dörfer werden geplündert, Korruption und Banditen beherrschen das Land. Unter diesen Umständen ist es für Stephens und Catherwood natürlich ausgeschlossen, das Land ohne Legitimation zu bereisen. Der plötzliche Tod des Gesandten der Vereinigten Staaten in Mittelamerika ermöglicht es Stephens, sich um dieses Amt zu bewerben. Mit der Unterstützung befreundeter Politiker gelingt es ihm schließlich, die Nachfolge im Amt des Verstorbenen anzutreten. So kann er

„Es gibt gute Gründe zu glauben, daß diese ganze Gegend früher vom selben Volk, das dieselbe Sprache sprach oder zumindest dieselbe Schrift besaß, bewohnt war... Wir sitzen zwischen den Ruinen und haben vergeblich versucht, das Geheimnis zu durchdringen: Wer waren die Erbauer dieser Städte?"

J. L. Stephens, Reiseerlebnisse in Zentralamerika, 1854

In Uxmal deutet die spanische Bezeichnung „Gouverneurspalast" auf die tatsächliche Funktion des Gebäudes hin. Es handelt sich um einen dreigliedrigen Gebäudekomplex: Der Haupttrakt hat sieben Tore, von denen drei den Zugang zum Hauptraum eröffnen; über dem Hauptportal entdeckt man das Bild eines thronenden Herrschers. Die kleineren Flügel waren ursprünglich vom Hauptgebäude durch zwei Gewölbegänge getrennt. Wie der Stich von Catherwood zeigt, sind diese Gänge im nachhinein zugeschüttet worden.

Die Pyramide des Kukulkan

Gegen Ende des 10. Jahrhunderts wurde Chichén Itzá von den Tolteken aus dem Mexikanischen Hochland erobert. Ihr Anführer war der legendäre Quetzalcóatl, die gefiederte Schlange. Quetzalcóatl wurde von seinen Gegnern aus Tula, der toltekischen Hauptstadt, verjagt. Viele stilistische und architektonische Merkmale sprechen dafür, daß einige der Gebäude in Chichén Itzá, so auch die große Pyramide, von den Eroberern errichtet wurden. Besonders auffällig ist die häufige Verwendung der Federschlange (Maya: kukulkan) als gestalterisches Element. So sind die Treppengeländer der großen Pyramide in Form von gigantischen Schlangenleibern dargestellt, deren Kopf am Fuß des Gebäudes ruht. Diese Köpfe hat Catherwood hier im Vordergrund abgebildet. Der Haupteingang des Tempels der Krieger wird von schlangenförmigen Säulen flankiert, deren aufgebäumte Leiber das Dach des Tempels stützen. Das kunstvoll ausgearbeitete Maul befindet sich auf ebenerdigem Niveau, der Körper bildet den Schaft, und der Schwanz trägt den Türsturz.

Der Bogen von Labna

Einen Komplex aus vier einen Hof umgebenden Gebäuden nennt man in den Maya-Stätten Yucatáns „Viereck". In Labna sind zwei benachbarte Vierecke durch ein großes, gewölbtes Tor, das von Besuchern oft fälschlicherweise für einen Triumphbogen gehalten wird, miteinander verbunden. Auf jeder Seite des Durchgangs befindet sich ein kleiner Raum. Früher befand sich über den Türen in einer Nische eine Figur aus Stuck. Diese Nischen ahmen in Stein die Holzarchitektur der Maya-Hütten der Landbevölkerung nach, die, über die Jahrhunderte unverändert, in dieser Form auch noch im heutigen Yucatán zu finden sind.

Tulum in Yucatán

Mit Hilfe eines Dekameters vermessen Stephens und Catherwood den Freskentempel von Tulum. Der kleine Tempelbezirk an der Karibik wurde erst kurz vor der Eroberung erbaut. Er war vollständig von einer Schutzmauer umgeben. Die meisten Gebäude sind auf den beiden Seiten einer Art Hauptstraße angeordnet, die wichtigsten Tempel aber im Zentrum zusammengefaßt. In zwei Tempeln Tulums sind noch die ursprünglichen Fresken erhalten. Die mythologischen Szenen sind in Blau und Grün auf schwarzem Hintergrund gemalt. Man erkennt insbesondere Chac, den Gott des Regens. Berühmt ist auch eine Darstellung der Mondgöttin Ixchel (= Regenbogenfrau), um die sich im 15. Jahrhundert ein besonderer Kult entwickelt hat. Pilger begaben sich zu dem ihr geweihten Heiligtum auf der nahe gelegenen Insel Cozumel, um hier Opfergaben darzubringen und sie um Beistand bei der Heilung Kranker anzuflehen.

Von Itzámna nach Izamal

An einem der Gebäude von Izamal befindet sich eine große Maske von über 2 m Höhe. Diese Art der Verzierung wurde in der Maya-Architektur häufig verwandt, doch sind sie nur selten im Freien erhalten geblieben. Catherwood will das Bild beleben und das Dramatische der Riesenmauer mit ihrer seltsamen Maske unterstreichen, indem er einen Jäger, der von einem Indianer begleitet wird, hinzufügt. Beide verfolgen einen Jaguar, den man im Schatten der Mauer erkennen kann. Die Franziskaner errichten hier in Izamal wie auch an vielen anderen Orten auf den Pyramiden ihre Kirchen und Klöster.

schließlich seine Reise als offizieller Gesandter der Vereinigten Staaten durchführen und genießt zudem den Schutz diplomatischer Immunität.

Trotz der gründlichen Vorbereitung haben Stephens und Catherwood auf ihrer Reise mit einer Vielzahl unerwarteter Probleme zu kämpfen. Insbesondere im Umgang mit den Behörden brauchen sie ihr ganzes diplomatisches Geschick, um die willkürlichen Behinderungen seitens selbstgefälliger Bürokraten zu beseitigen. Später schreibt Catherwood: „Der abenteuerlustige Stephens hat die Suche nach einer unauffindbaren Regierung mit einer erfolgreicheren Jagd nach Ruinenstädten verbunden."

Im Laufe ihrer zehnmonatigen Rundreise besuchen Stephens und Catherwood Copán, Quirigua, Tonina, Palenque und Uxmal. Sie finden Bildwerke von solcher Pracht, daß sie sich außerstande fühlen, das Gesehene auch nur annähernd zu beschreiben. Allein in Copán sind sie monatelang damit beschäftigt, unter den widrigsten Umständen die Fülle der Monumente und Bauwerke in allen Einzelheiten zu zeichnen und zu beschreiben.

Hinter dem hell beleuchteten, mit einer dämonenhaften Fratze versehenen Altar erscheint die Stele im Gegenlicht geheimnisumwoben. Obwohl Catherwood die Formen naturgetreu wiedergibt, greift er manchmal zum Mittel der Inszenierung, um seinen Gefühlen angesichts der steingewordenen Wunder von Copán Ausdruck zu verleihen. Rechts sehen wir die Rückseite einer Stele in Copán.

Sowohl auf Grund seiner literarischen Qualität als auch als sensationelle archäologische Veröffentlichung wird der Reisebericht von Stephens mit Begeisterung aufgenommen und kurz nach Erscheinen der schnell vergriffenen ersten Auflage in mehrere Sprachen übersetzt.

1841 erscheinen die „Incidents of Travel in Central America, Chiapas and Yucatán" (Reiseerlebnisse in Zentralamerika, Chiapas und Yucatán). Seinen sensationellen Erfolg verdankt das Buch zunächst vor allem Stephens Erzählkunst. Die archäologische Schilderungen nehmen

kaum mehr als ein Drittel des fast 1500 Seiten starken Werkes ein. Die restlichen Seiten widmet Stephens der Schilderung von Abenteuern und Begebenheiten am Rande der Reise. Die amüsante Darstellung der Schwierigkeiten mit den Lasttieren bis hin zu unfreiwilligen Bädern, Gefangennahmen durch Soldaten, die Schilderung von Land und Leuten und die feinfühligen Charakterskizzen hervorragender Figuren der zentralamerikanischen Politik und des öffentlichen Lebens machen das Buch zu einem echten Lesevergnügen. Seine besondere Bedeutung jedoch liegt in der Wiederbelebung der lange vernachlässigten Mittelamerikaforschung, die nun einen wahren Boom erlebt.

Stephens ist weit von der naiven Begeisterung und den zügellosen Spekulationen des Großteils seiner Vorgänger und Zeitgenossen entfernt. Seine Beschreibungen sind sehr nüchtern gehalten, er läßt große Umsicht in seinen Interpretationen walten und legt seine Argumente klar dar. Die Glaubwürdigkeit der Darstellung legitimiert seine Arbeit bei den Fachwissenschaftlern und ist dazu angetan, diese von seinen Überlegungen zu überzeugen.

Stephens' Theorien zu den Ruinen stützen sich nicht nur auf seine Beobachtungsgabe, sondern auch auf ein intensives Studium der Entdeckungsgeschichte Amerikas und aller verfügbaren Aufzeichnungen seiner Vorgänger. Er hütet sich davor, das Wort „Maya" für die Erbauer der von ihm beschriebenen Ruinen zu gebrauchen und stellt sich wie seine Zeitgenossen die Frage nach dem Ursprung des Volkes. Nachdem Stephens mehrere Hypothesen in Erwägung gezogen hat, zieht er den Schluß, daß es sich dabei um die Ureinwohner Mittelamerikas handeln muß, die sich durch ihre monumentale Architektur, ihre große Kunstfertigkeit und den Besitz einer eigenen Schrift auszeichnen.

In den auf den Stelen und Tempeln dargestellten Persönlichkeiten sieht Stephens ihre Herrscher. Er verwirft in aller Form Waldecks Behauptung, auf den Monumenten skulptierte Elefanten gesehen zu haben.

<u>Der sachlichen Erzählweise Stephens' entspricht Catherwoods Bemühen um eine originalgetreue Wiedergabe der Kunstwerke in seinen Bildern.</u>

Das Werk Catherwoods umfaßt in erster Linie gravierte Zeichnungen, welche als Illustrationen zu Stephens Reise-

In allen ehemaligen Städten der Maya, wie hier in Sabachtsche, stellt der Brunnen den Mittelpunkt des sozialen Lebens dar. Hier treffen sich die Frauen, um Wasser zu schöpfen, um zu waschen und um die letzten Neuigkeiten auszutauschen. Catherwood ist ein Meister auch in der Darstellung solcher dörflicher Szenen.

bericht dienen. Diese meisterhaft ausgeführten Stiche der Landschaften und Monumente haben einen nicht zu unterschätzenden Anteil am Erfolg des gemeinsam mit Stephens angefertigten Reiseberichts.

1844 wird in London ein zweiter Band mit Lithographien der Ruinen veröffentlicht. Catherwoods Kunst stößt überall auf größte Anerkennung und zeichnet sich neben der exakten Wiedergabe vor allem durch die sensible Art der Darstellung aus.

Als technisches Hilfsmittel benutzt Catherwood die *Camera lucida*, ein Gerät, das es ihm erlaubt, die Proportionen der Objekte exakt einzuhalten. Doch die Wiedergabe der üppigen, außerhalb jeden europäischen Bilddenkens liegenden Formenwelt fordert sein gesamtes künstlerisches Können. Es ist äußerst schwierig, die verschlungenen Ornamente, die den größten Teil der Gebäude und Stelen bedecken, aufzulösen. Erst nach

„Dieser Weiler ist sehr stolz darauf, daß es hier einen Brunnen gibt. Sein Anblick erfüllte uns mit mehr Dankbarkeit als einen Reisenden in einem zivilisierten Land der Anblick des besten Hotels. Wir waren vom Gestrüpp zerkratzt, von den Moskitos zerstochen und wünschten uns nichts mehr als ein erfrischendes Bad. Sehr bald kamen auch die Pferde in diesen Genuß, denn in diesem Land, in dem Striegel und Bürste unbekannt sind, ist für die Pferde ein Bad die einzige Möglichkeit, sich zu erfrischen. Der Brunnen war von dem jetzigen Besitzer gebaut worden; vorher waren die Bewohner allein auf den neun Kilometer entfernten Brunnen von Tabi angewiesen."

J. L. Stephens, Reiseerlebnisse in Yucatán

DIE ZEIT DER GELEHRTEN

mehreren Anläufen gelingt ihm eine zufriedenstellende Darstellung. Catherwood arbeitet wie besessen, und das Ergebnis seiner Arbeit erregt entsprechend Aufsehen.

Nach einem kurzen Zwischenaufenthalt in New York kehrt das Team im Oktober 1842 zu einer letzten Forschungsreise nach Yucatán zurück. Erneut begeben sie sich an ihre bereits bewährte Zusammenarbeit. Diesmal besuchen sie insgesamt 44 archäologische Stätten, beschreiben sie in Wort und Bild. In seinem Werk räumt Stephens der Abhandlung archäologischer Fragen einen größeren Stellenwert ein als in seinem ersten Bericht.

Der „Codex Dresdensis" ist die älteste und wohl auch schönste der drei erhalten gebliebenen Handschriften der Maya. Er enthält in erster Linie kalendarische und astronomische Berechnungen. Die Bilder stellen Gottheiten dar, die jedem einzelnen Tag des Maya-Jahres zu seinem Segen vorstehen.

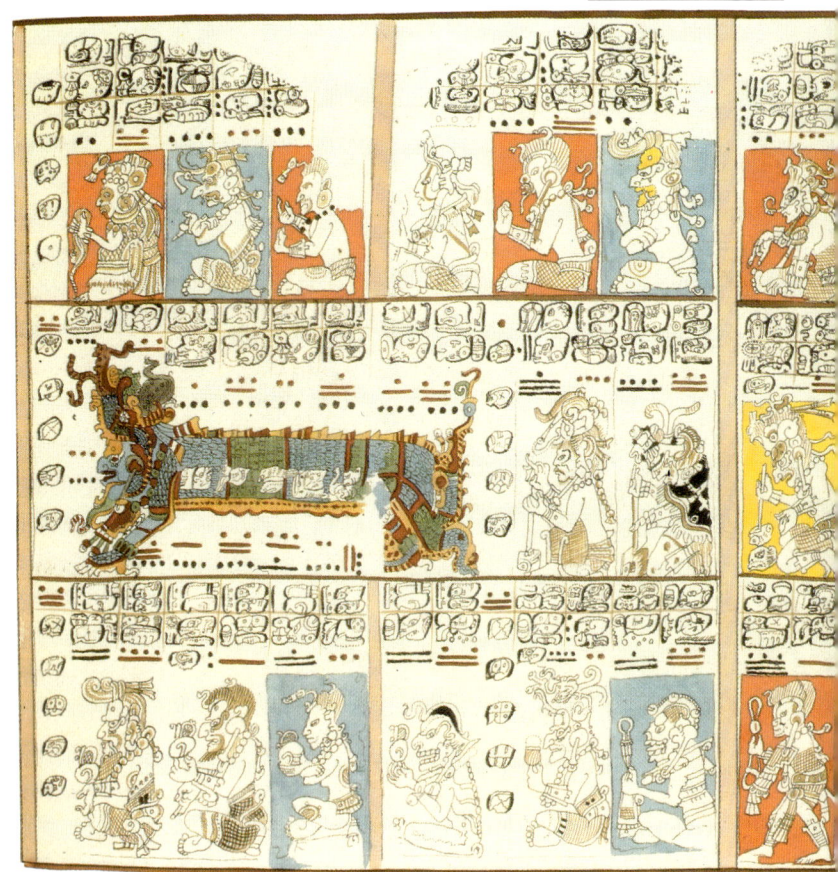

DIE CODICES

Die Bedeutung der Reiseberichte läßt sich nur ermessen, wenn man bedenkt, daß die damals gängige Lehrmeinung der Auffassung ist, daß in der Neuen Welt keinerlei Denkmäler oder Überreste größerer Gebäude existieren können, die aus der Zeit vor der Conquista stammen. Selbst der deutsche Gelehrte Alexander von Humboldt, der Zentralamerika in den Jahren 1803 und 1804 bereist und auf die versunkenen Kulturen aufmerksam macht, hat keine Ahnung von den noch tief im Urwald verborgenen Städten. Erst Catherwoods Zeichnungen lassen die vergangene Pracht wieder auferstehen.

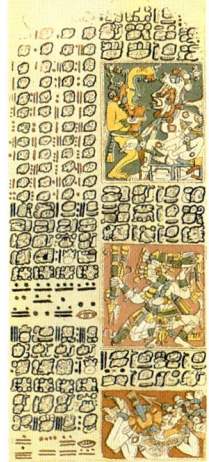

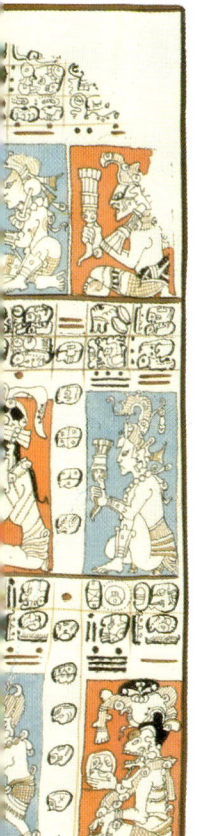

Während die einen die Urwälder Zentralamerikas auf der Suche nach Ruinen durchstreifen, sammeln andere in den Bibliotheken alle erreichbaren schriftlichen Dokumente.

Schriftliche Zeugnisse, die zur Erforschung der Geschichte der Maya dienen können, sind zum einen die von den Maya in Hieroglyphen verfaßten *Codices* aus der Zeit vor der spanischen Eroberung, die Chroniken der Spanier und die bereits in lateinischer Schrift verfaßten Texte der Indianer. Nach der Christianisierung legen einige Maya ihre überlieferten Mythen und Traditionen in schriftlicher Form nieder. Ursprünglich gab es sicher Tausende dieser in Hieroglyphen verfaßten Schriften, den wohl wertvollsten Quellen; heute sind nur noch drei erhalten, die sich alle in Europa befinden. Die restlichen Handschriften fielen dem fanatischen Glaubenseifer der Missionare zum Opfer und gingen in Flammen auf oder gingen einfach verloren. Wie viele Spanier mögen Teile der wertvollen Dokumente als Erinnerungsstück nach Europa gebracht haben, wo sie dann für einige Zeit aufbewahrt und irgendwann weggeworfen wurden!

So verdanken auch die drei erhalten gebliebenen, nach ihrem Aufbewahrungs-

Das Papier für die Manuskripte der Maya wird aus den mit Stärkemasse bearbeiteten Fasern der Feigenbaumrinde gefertigt und kann bis zu 6,50 m lang sein. Zusätzlich bedeckt man es vor der Bemalung mit einer dünnen Schicht Kalk und faltet es ziehharmonikaartig zusammen, so daß jede Seite ungefähr zweimal so hoch wie breit ist. Die Hieroglyphen sind in Schwarz oder Rot gemalt; die zugehörigen Zeichnungen werden mit feinen, schwarzen Strichen gezeichnet, manchmal durch Farben hervorgehoben oder auf farbig angelegtem Grund gemalt.

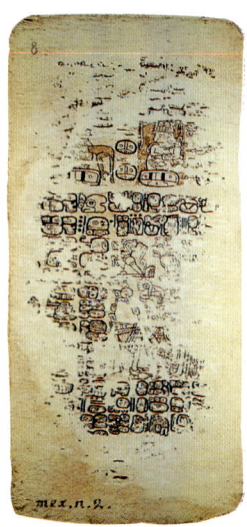 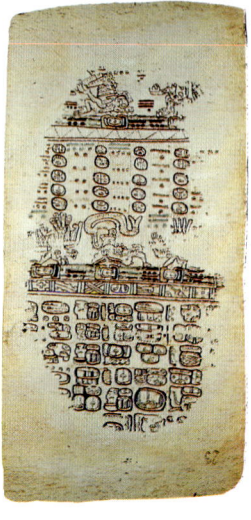 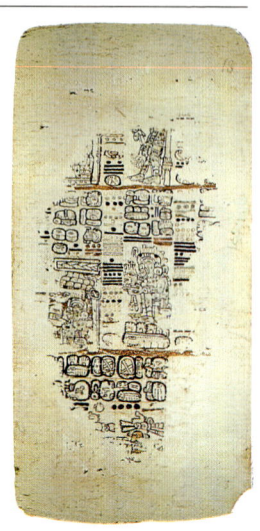

ort benannten Handschriften ihre Existenz lediglich einer Aneinanderreihung glücklicher Zufälle. Eines der Manuskripte findet sich im Jahr 1859 auf dem Boden eines Mülleimers der damaligen kaiserlichen Bibliothek zu Paris. Wie das wertvolle Schriftstück dorthin gelangen konnte, ist nie aufgeklärt worden. Der glückliche Finder ist der junge französische Orientalist und Amerikanist León de Rosny, Mitbegründer der Amerika-Gesellschaft Frankreichs, der seine Entdeckung fünf Jahre später unter dem Namen „Codex Peresianus" publik macht.

Der älteste und wohl auch schönste der drei Maya-Codices taucht bereits im Jahr 1739 auf, als der damalige Leiter der königlichen Bibliothek in Dresden, Johann Götze, auf der Durchreise das Manuskript in Wien zufällig entdeckt. Nach dem Namen der Stadt, in dem es auch heute noch aufbewahrt wird, erhält es die Bezeichnung „Codex Dresdensis".

Daß der Codex in Wien auftauchte rührt daher, daß die Stadt Residenz der Habsburger ist, die zu dieser Zeit Deutsche Kaiser und Könige Spaniens sind. 1519 schickt Cortés Kaiser Karl V. eine Auswahl erbeuteter Kunstwerke und die Geschenke, die er von dem aztekischen Herrscher Moctezuma erhalten hatte. Der „Codex Dresdensis", der wahrscheinlich aus dem Osten von Yucatán stammt, ist vermutlich einer dieser Gegenstände.

Der „Codex Peresianus" ist in seinem jetzigen Zustand 145 cm lang. Er ist in insgesamt elf Seiten gefaltet (es fehlen mindestens zwei Seiten), die sowohl auf der Vorder- als auch auf der Rückseite beschrieben sind. Auf der Vorderseite findet man Glyphen, die jeweils einen sogenannten „katun" symbolisieren (ein katun = 7200 Tage). Ein katun dient als zeitlicher Rahmen für historische Ereignisse und Prophezeiungen; dargestellt sind

  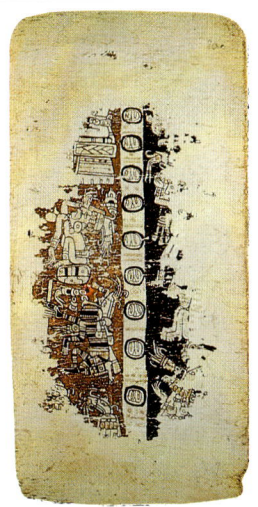

Wir wissen heute nicht mehr, durch wie viele Hände das Manuskript zwischen 1519 und 1739 gegangen ist, doch seither ruht es in der Dresdner Bibliothek und taucht nur ab und zu in den Inventarlisten auf.

Noch eigenartiger ist die Geschichte, die zum Auffinden des dritten, des „Codex Tro-Cortesianus" führt. Diese Handschrift besteht aus zwei verschiedenen Teilen, die ursprünglich getrennt voneinander aufbewahrt wurden und erst im Jahr 1875 wieder zusammengefügt werden.

Mit der Geschichte seiner Entdeckung ist der Name des Paters Brasseur de Bourbourg, einer der interessantesten Figuren des Alt-Amerikanismus, aufs engste verbunden. Pater Brasseur ist einer der wenigen, denen es gelingt, das Priesteramt mit der Forschung zu vereinbaren. Bereits sehr früh bereist er die USA und Italien.

Schon im Lauf seiner Studien erwacht das Interesse an den Altertümern der Neuen Welt. Im Alter von 31 Jahren reist er zum ersten Mal nach Mexiko. Auf dem Schiff lernt er den bevollmächtigten Gesandten der französischen Regierung in Mexiko kennen und schließt mit ihm Freundschaft. Bald darauf wird der Pater offiziell zum Seelsorger der französischen Gesandtschaft ernannt. Seine Stellung läßt ihm genügend Zeit, um in den Archiven und Beständen der Museen zu stöbern.

sowohl die Gottheiten, die den jeweiligen katun regieren, als auch die auszuführenden, von den Kalendergottheiten geforderten Rituale. Die Rückseite des Manuskripts ist sehr beschädigt. Nur mühevoll lassen sich die Zeichnungen entziffern. Reste von Almanachen, von Neujahrszeremonien und eine Art „Tierkreis" der Maya sind darauf erkennbar.

DIE ZEIT DER GELEHRTEN

Dabei entwickelt Pater Brasseur ein besonderes Interesse für die indianischen Sprachen. Er lernt nahuatl, die auch heute noch gesprochene Sprache der Azteken. In den Archiven der Stadt stößt er auch auf sein erstes Manuskript, eine aztekische Bilderhandschrift, die er nach seinem nahuatl-Lehrer „Codex Chimalpopoca" nennt.

Pater Brasseur, der unermüdliche Entdecker von Manuskripten, entpuppt sich nach seiner Rückkehr nach Europa als Forscher von außerordentlicher schöpferischer Kraft.

Popol Vuh bedeutet in der Sprache Quiché-Maya „Buch des Rates". Es wurde von den Indianern nach der Conquista in lateinischer Schrift auf der Grundlage mündlicher Überlieferung angefertigt. Das Popol Vuh ist ebenso ein religiöses wie auch ein historisches Buch. Das Gebiet der Quiché umfaßt die Westhälfte des Hochlands von Guatemala.

Der Erzbischof von Guatemala ist dem französischen Pater äußerst wohlgesonnen und erlaubt ihm, seiner doppelten Berufung als Seelsorger und Forscher nachzugehen. Er erleichtert ihm dies dadurch, daß er ihn zum Pfarrer von Rabinal, einem Ort mitten im Land der Quiché-Maya, ernennt. Hier lebt Pater Brasseur unter den Indianern, lernt ihre Sprache und entdeckt schließlich Dokumente von unschätzbarem Wert. Das wohl bedeutendste davon ist das „Popol Vuh", das „Buch des Rates" der Quiché.

Nur wenig später – inzwischen ist er Pfarrer von San Juan Sacatepequez bei den Cakchiquel – findet der Pater ein weiteres Manuskript, die sogenannten „Anales de los Cakchiqueles", eine Chronik dieses Volkes bis zum Jahr 1601.

Wieder in Europa, arbeitet er mit großem Eifer an einer stetigen Folge von Veröffentlichungen. Zwischen 1857 und 1862 publiziert er kurz nacheinander eine „Geschichte der zivilisierten Völker Mexikos und Zentralamerikas", die erste Übersetzung des Popol Vuh und einen Bericht über die Reise auf dem Isthmus von Tehuantepec – eine Grammatik und

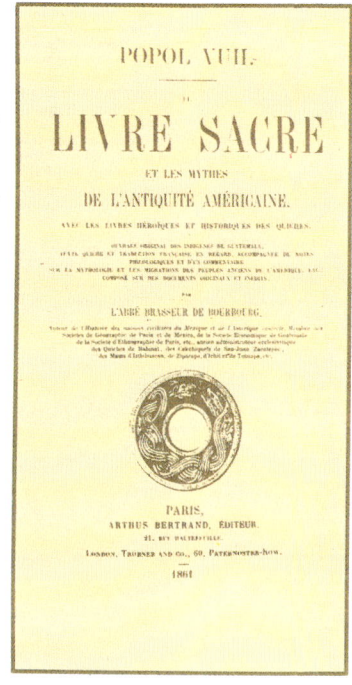

Vokabelsammlung des Quiché nicht mit inbegriffen. Zwischenzeitlich macht er in Sevilla eine seiner wertvollsten Entdeckungen, die wesentlich zur Aufklärung der Geschichte der Maya beitragen soll: Pater Diego de Landas 1566 verfaßte „Relación de las cosas de Yucatán". Im Jahr 1864 wird das Werk erstmals von Pater Brasseur selbst herausgegeben.

Im Jahr 1857 wird eine erste Übersetzung des Popol Vuh in Wien veröffentlicht, die jedoch weitgehend unbeachtet bleibt. Pater Brasseur de Bourbourg (linke Seite) kommt das Verdienst zu, im Jahr 1861 eine französische Übersetzung des Quiché-Textes herausgegeben zu haben.

<u>Es ist nicht nur für Pater Brasseur ein Glücksfall, als ihm ein Sammler einen Codex anvertraut.</u>

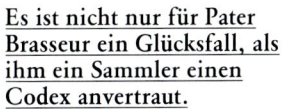

Auf seiner Reise nach Madrid trifft der inzwischen hochangesehene Brasseur, mittlerweile Professor für die Archäologie der Neuen Welt an der Pariser Sorbonne, eines der hervorragendsten Mitglieder der spanischen Königlichen Akademie für Geschichte, Don Juan de Tro y Ortolano. Don Juan, Lehrer an der Schule von Chartres in Madrid und ebenfalls Sammler alter Manuskripte, zeigt Brasseur einen seiner Schätze, eine alte Handschrift. Der Pater erkennt sofort, daß die gezeichneten Glyphen von derselben Art sind wie die auf den Inschriften in Palenque. Angesichts der Begeisterung seines Gastes vertraut ihm Don Juan das Manuskript an. Brasseur behält es über zweieinhalb Jahre. In dieser Zeit läßt er es abzeichnen und hat zudem Gelegenheit, die Schriftzeichen gründlich zu studieren. Im Jahr 1869 veröffentlicht er es als „Codex Troano" und gibt das Original seinem Besitzer zurück. Als dieser sechs Jahre später stirbt, verkauft sein Sohn das Manuskript an das archäologische Museum von Madrid.

Die Geschichte des Codex ist damit aber noch lange nicht beendet. Don Juan Ignacio Miró, ein Sammler aus

Auf dem Titelblatt des Buches befindet sich die Zeichnung eines aus Keramik modellierten Weihrauchfasses aus der postklassischen Periode (ab ca. 900 n. Chr.). Es stellt Tlaloc, den Regengott von Zentralmexiko, dar. Seine Hauptmerkmale sind die langen, aus dem Mund herausragenden Zähne und die von Ringen umgebenen Augen. Die Augen sind hier ganz im europäischen Stil wiedergegeben, wodurch sich der Künstler, die Zeichnung ausgeführt hat, zu erkennen gibt.

Madrid, verkauft demselben archäologischen Museum drei Fragmente von Skulpturen aus Uxmal samt einem Manuskript, dem „Codex Cortesiano". Der Codex stammt angeblich aus dem Nachlaß der Nachkommen des Hernán Cortés und soll eine von drei mexikanischen Handschriften sein, die sich im Besitz des Eroberers befanden. Léon de Rosny – der junge Mann, der bereits den „Codex Peresianus" entdeckt hatte – hört von der Existenz dieses Dokumentes, als es der Nationalbibliothek in Paris zum Verkauf angeboten wird. Dem Verkaufsangebot sind zwei Probeblätter des fotografierten Originals beigefügt.

Als de Rosny im Jahr 1880 davon erfährt, daß die spanische Regierung den Codex erworben hat, macht er sich eilends auf den Weg nach Madrid, um ihn genauer zu studieren und zu fotografieren. Bei genauerem Hinsehen entdeckt der Forscher, daß das sogenannte Anfangsblatt des „Codex Cortesiano" in Wirklichkeit die Fortsetzung eines anderen Textes ist. Neugierig geworden, setzt er seine Untersuchungen fort und beweist schließlich, daß der Codex tatsächlich die Fortsetzung des bereits bekannten „Codex Troano" darstellt. Die beiden Codices, welche ja zwei Teile ein und desselben Dokumentes sind, werden zusammengefügt und erhalten den Namen „Codex Tro-Cortesianus".

Ist es nur Zufall, daß die beiden Teile des Dokumentes nach so langer Zeit wieder vereinigt werden können? Viel spricht dafür, daß aus dem Originalmanuskript absichtlich zwei Teile gemacht wurden und diese in einem Abstand von mehreren Jahren an zwei verschiedene Sammler verkauft worden sind. Da der Verkäufer anonym geblieben ist, konnte das Geheimnis des „Codex Tro-Cortesianus" bis heute nicht gelüftet werden.

Die spärlichen schriftlichen Zeugnisse aus dem prähistorischen Mexiko sind über die ganze Welt verstreut. Es ist das Verdienst von Edward King, dem jungen Lord Kingsborough, daß die Codices einer allgemeinen Bearbeitung zugänglich gemacht werden. Zeit seines Lebens sammelt er alle erreichbaren Dokumente, insbesondere aztekische Bilderhandschriften aus der Zeit vor der Eroberung. Er veröffentlicht originalgetreue Reproduktionen der Schriften und ermöglicht es dadurch den Forschern, die Manuskripte zu vergleichen, ohne dafür durch die halbe Welt reisen zu müssen.

Die Figur mit dem schwarz bemalten Körper stellt vermutlich Ek Chuah, den Gott der Kaufleute, dar. Mit der linken Hand schwingt er einen Wurfspeer, mit der rechten umfaßt er eine Schlange. An seiner Stirn befindet sich eine Steinaxt, Hinweise auf die Assoziation mit Krieg und Eroberung. Interessanterweise erinnert er an den aztekischen Gott des Handels Yacatecuhtli. Auch dieser weist kriegerische Züge auf. Die Darstellungen im „Codex Tro-Cortesianus" wirken stilistisch viel gröber und unbeholfener als die des „Codex Dresdensis".

DER „CODEX TRO-CORTESIANUS" 79

Kingsborough versieht seine Faksimile mit einer Reihe persönlicher Kommentare und verfällt – wie viele andere – an manchen Stellen der bloßen Spekulation. So ist er davon überzeugt, daß die alten Völker Mittelamerikas und Mexikos Nachkommen eines der verlorenen Stämme Israels sind. Seine Großzügigkeit – er finanziert eine Expedition von Waldeck –, die hochgesteckten Ziele, das ehrgeizige Werk und die Sorgfalt, mit der er es verwirklicht, bringen den adligen Engländer bald an den Rand des Ruins. Seine Gläubiger bedrängen ihn zusehends, und er wird, inzwischen hochverschuldet, ins Gefängnis geworfen. Dort stirbt er 1837 nach einer schweren Krankheit im Alter von 42 Jahren.

Der Wert seines Werkes bleibt unumstritten. Obwohl z. B. der „Codex Dresdensis" zwischenzeitlich auch in anderen Ausgaben erschienen ist, greift man auch heute noch auf Kingsborough zurück, um gewisse Details nachzuprüfen, die mittlerweile in dem Originalmanuskript nicht mehr zu erkennen sind.

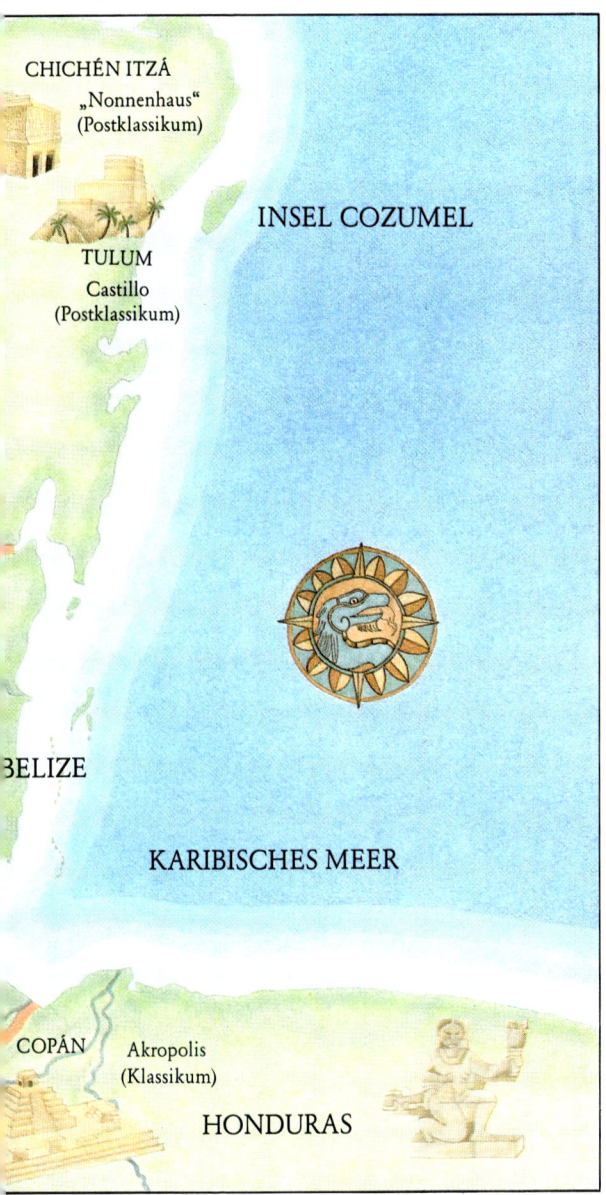

CHICHÉN ITZÁ
„Nonnenhaus"
(Postklassikum)

TULUM
Castillo
(Postklassikum)

INSEL COZUMEL

BELIZE

KARIBISCHES MEER

COPÁN   Akropolis
(Klassikum)

HONDURAS

Bereits zur Zeit der spanischen Eroberung erstreckt sich das von den verschiedenen Maya-Völkern besiedelte Gebiet über die gesamte Halbinsel von Yucatán, entlang des Golfs von Mexiko bis ins Tiefland von Tabasco, und im Süden bis zur Pazifikküste von Guatemala, einschließlich der Gebiete des heutigen Honduras und El Salvador. Kerngebiet der klassischen Maya-Kultur (4. – 10. Jahrhundert n. Chr.) waren vor allem die zentralen Tiefländer des Petén. Von hier aus erfolgte die Besiedlung von Yucatán. Die Maya der nachklassischen Zeit bewohnten hauptsächlich den unwirtlichen Norden der Halbinsel. Neue Städte wie Uxmal und Chichén Itzá entstanden, die alten, klassischen Zentren gerieten in Vergessenheit. Das hohe Niveau und die Qualität der Kunsterzeugnisse, die die klassische Epoche kennzeichnen, wurde jedoch in der Folge nicht mehr erreicht.

VIERTES KAPITEL
DIE FOTOGRAFIERENDEN FORSCHER

Im Jahr 1837 macht der französische Maler L. Jacques Daguerre eine Erfindung, die in der Welt der Gelehrten auf größtes Interesse stößt. Die Erfindung der Fotografie revolutioniert die Formen der wissenschaftlichen Dokumentation.

„Yucatán ist unbestritten das an Ruinen und Monumenten reichste amerikanische Land; es ist von Norden bis Süden damit übersät, und wir finden hier die größten, bedeutendsten und wunderbarsten Werke dieser ursprünglichen Zivilisationen."
Désiré Charnay, Eine Reise nach Yucatán, 1863

In der zweiten Hälfte des 19. Jahrhunderts hat sich endgültig die Auffassung durchgesetzt, daß die Ruinen von Chiapas, im Petén und in Yucatán einer einzigen Zivilisation zuzuordnen sind, die keinerlei Gemeinsamkeiten mit der der alten Griechen, Ägypter oder Hindus aufweist. Von diesem Zeitpunkt an erhält die Maya-Kultur – wie sie nun offiziell genannt wird – einen völlig neuen Stellenwert. Die räumliche Ausdehnung des Siedlungsgebiets der Maya, die Zeitspanne, die man ihrer Kultur auf Grund neuer Forschungen zuschreiben kann, die Großartigkeit und Einmaligkeit ihrer Kunst sowie die beeindruckende Komplexität ihrer Schrift erlaubt es, die Maya in einem Atemzug mit den großen abendländischen Zivilisationen zu nennen.

Die Ruinen der Maya-Städte dienen nun nicht mehr ausschließlich als malerischer Hintergrund für romantisierende Gemälde, sondern werden von der Fachwelt als die Überreste eines „zivilisierten Volkes" anerkannt. Vielfach sieht man die Kultur der Maya sogar als die Mutterkultur des gesamten zentralamerikanischen Raumes an, was sich aber nach der Erforschung der olmekischen Kultur am Golf von Mexiko als Irrtum herausstellt.

Es gilt nun, die Maya-Kultur mit all der Ernsthaftigkeit und Objektivität zu behandeln, die ihr zusteht. Das wird erstmals durch die Mittel der Fotografie ermöglicht.

Bereits Stephens und Catherwood führen auf ihrer zweiten Reise eine von Daguerre entwickelte Lochkamera mit, doch geben sie die Technik nach anfänglichen Erfolgen schnell wieder auf.

„Wir waren zerkratzt von Sträuchern und unser Körper bedeckt mit Garrapatas, einer großen Baumlausart, als wir im ‚Nonnenhaus', dem beachtlichsten Monument von Chichén Itzá, ankamen. (…) Ich richtete mich in einem der Räume ein (…), und die Indianer machten sich an die Arbeit."

Désiré Charnay, Eine Reise nach Yucatán

DIE ERSTEN FOTOS 85

Die Fotografie steckt noch in den Kinderschuhen: Die Forscher sind gezwungen, sich mit mehreren hundert Kilo Material abzumühen.

Dem Franzosen Desiré Charnay gebührt der Ruhm, die ersten Fotos von Maya-Ruinen gemacht und veröffentlicht zu haben. Schon früh hat ihn das Reisefieber gepackt und nach New Orleans geführt, wo er zunächst Französisch unterrichtet. Die Lektüre des Berichts von Stephens offenbart ihm jedoch seine wahre Berufung: Er faßt den Entschluß, die alten Kulturen Mexikos zu erforschen und ihre Kunsterzeugnisse für die Nachwelt auf Fotografien festzuhalten. So kehrt er nach Frankreich zurück, spricht bei Ministerien vor und erwirkt schließlich im Jahr 1857 die Unterstützung des zuständigen Bildungsministeriums.

Mittels der noch jungen Technik der fotografischen Darstellung gelingen Charnay bereits erste hervorragende Ablichtungen wie hier der Ruinen von Uxmal (unten und links) und Chichén Itzá (oben). Die hochempfindlichen Fotoplatten müssen noch einzeln für jede Aufnahme vorbereitet und sofort an Ort und Stelle entwickelt werden.

DIE FOTOGRAFIERENDEN FORSCHER

Zurück in Amerika, verläßt der Forscher im September 1859 mit insgesamt 1 800 kg Gepäck Mexiko-Stadt und begibt sich nach Oaxaca. Man kann sich vorstellen, wie sehr das schwere und zudem sperrige Material seine Reise behindert. Neben dem Fotoapparat und einem Stativ führt er noch große Mengen chemischer Substanzen und Glasplatten mit, die auf das sorgfältigste verpackt sein müssen, um den Transport auf den Maultieren heil zu überstehen.

Unterwegs erfährt Charnay, daß auf seiner Route Überfälle von Banditen zu befürchten seien. Um das kostbare Material nicht aufs Spiel zu setzten, entschließt er sich, das Gepäck den Maultiertreibern anzuvertrauen, die einen anderen, zwar längeren, aber weniger riskanten Weg einschlagen sollen.

In Oaxaca angekommen, muß er hier volle zwei Monate auf sein Gepäck warten. Zum Nichtstun verurteilt, verliert er schließlich die Geduld und beschließt, in dem nahegelegenen Mitla mit dem Fotografieren zu beginnen. Nach vielen fehlgeschlagenen Versuchen gelingt ihm schließlich eine Reihe Bilder von den Ruinen von Mitla, Palenque, Izamal, Chichén Itzá und Uxmal. Im Jahr 1863 erscheint sein erster Bildband mit insgesamt 37 Fotografien und zwei Fotolithographien.

Bereits auf seiner zweiten Expedition nach Mexiko geht Charnay, reicher an Erfahrung und mit einer weniger aufwendigen Fototechnik, neue Themen an. In Mérida (unten) hält er Dorfszenen und die Trachten der Eingeborenen fest, auf den Hochebenen von Zentralmexiko (rechts) fotografiert er einen Indianer, der soeben mit Hilfe eines Flaschenkürbisses Agavensaft ansaugt, um ihn anschließend in den Schlauch, den er auf dem Rücken trägt, zu füllen. Aus diesem Saft wird der begehrte Pulque gewonnen, ein vergorenes, in Mexiko weit verbreitetes berauschendes Getränk.

DAS OBJEKTIVE „AUGE" 87

Die Fotografie dokumentiert die Verwüstungen der Zeit und offenbart gleichzeitig die Formenvielfalt der Maya-Kunst.

Die gelungenen Fotografien, insbesondere die von Uxmal und Chichén Itzá, vermitteln ein gutes Bild von der gewaltigen Größe der Gebäudekomplexe und des Reichtums ihrer Ornamentik. Erstmals wird deutlich, in welch schlechtem Zustand sich große Teile der Ruinen befinden. Viele sind teilweise zusammengestürzt und weitgehend von der Vegetation überwuchert. Die meisten Tempel sehen aus wie mit Schutt und Sträuchern bedeckte Hügel. Eine große Aufgabe erwartet die Erforscher dieser Anlagen.

Charnay erliegt der Mode der Reisenden seiner Zeit, als er Männer und Frauen als Modelle von „körperlichen Typen" fotografiert. Diese „Typen" werden in Vorderansicht und im Profil dargestellt. Die Veröffentlichung und Vervielfältigung erfolgt wie die aller Bilder in Form von Stichen, die nach Fotos angefertigt werden.

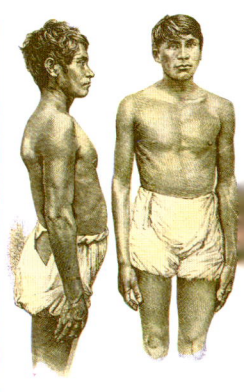

Die schlechten Lichtverhältnisse im dichten Urwald bereiten Charnay große Schwierigkeiten. Viele der frühen Fotografien sind unverkennbar falsch belichtet. Um gute Negative herstellen zu können, sieht sich der Fotograf gezwungen, den Wald zu roden. Der Aufwand ist beträchtlich, zumal es in der Regel nur teilweise gelingt, die Ruinen von dem dichten Bewuchs zu befreien.

Diesen kleinen postklassischen, im Puuc-Stil erbauten Tempel in Chichén Itzá mit dem Beinamen „die Kirche" fotografiert Charnay im Jahr 1860.

In der Folgezeit führt Charnay
noch eine Reihe anderer foto-
grafischer Expeditionen in Madagaskar, Java und Australien durch.
Im Jahr 1864 kehrt er nach Mexiko
zurück, dieses Mal allerdings als
Mitglied des Expeditionskorps,
welches Maximilian I., den von
Napoleon III. 1863 eingesetzten
Kaiser von Mexiko, unterstützen
soll. Erst 1880 kann Charnay
sich einen langgehegten Traum erfüllen und die 20 Jahre zuvor
begonnenen fotografischen
Arbeiten in den Ruinenstätten fortsetzen.

Diese umfangreiche Expedition
wird zum Teil von einem amerikanischen Arzt, Pierre Lorillard, finanziert. Von März bis November führt Charnay
Ausgrabungen im Hochland von Mexiko durch, hauptsächlich in Tula und Teotihuacán. Im strömenden
Regen arbeitet er in Comalcalco, legt hier einen Teil der
Ruinen frei, vermißt und fotografiert die Gebäude.
Fünf schwierige Wochen verbringt er in Palenque damit,
Fotografien der Gebäude anzufertigen. Die zum Roden
eingestellten Indianer arbeiten seiner Meinung nach zu
langsam, und viele verschwinden einfach. Der alltägliche
Regen behindert seine Arbeit und beschädigt den
Fotoapparat derart, daß er schließlich nicht mehr zu
gebrauchen ist.

Mit derselben Sorgfalt, mit der er seine Fotografien
macht, widmet sich Charnay auch dem Anfertigen von
Abdrücken aus Pappmaché. Hierzu legt er bis zu sechs
Lagen feuchten Zeitungspapiers auf die Reliefs und
trocknet sie anschließend an der Luft oder, wenn es zuviel
regnet, am Feuer. Letzteres birgt natürlich Gefahren: In
der Nacht des 26. Januars 1880 fangen alle Formen Feuer
und verbrennen. Charnay hat über eine Woche zu tun,
seine Sammlung wiederherzustellen. Die originalgetreuen,
dreidimensionalen Abgüsse befinden sich heute im
Pariser Musée de l'homme.

Die Fotos, die Charnay im Verlauf dieser Expedition macht, sind, im Gegensatz zu den Aufnahmen von
1858 bis 1860, nicht als Originalabzüge für ein Buch

Charnay fertigt Ab-
drücke von Skulp-
turen aller Größen und
Formen an, um sie so
nach Europa zu trans-
portieren und dort aus-
zustellen. Oben ein
Trapez, gebildet von
doppelköpfigen Schlan-
gen unterschiedlicher
Länge, unten der Ab-
druck eines „chacmool",
einer halbliegenden
Figur, die eine Schale
hält. Diese diente wahr-
scheinlich dem Ablegen
von Opfergaben. Das
Motiv des „chacmool"
war in weiten Teilen
Mexikos verbreitet und
ist wahrscheinlich auf
die Tolteken von Tula
zurückzuführen, die es
auch in Chichén Itzá
einführten.

bestimmt, sondern die kleinformatigen Bilder
dienen als Vorlage zur Anfertigung von Holz-
schnitten. Diese wiederum werden vervielfältigt
und zur Illustration einer Reihe von Artikeln
und Büchern verwendet. Das bekannteste,
„Die alten Städte der Neuen Welt", erscheint
im Jahr 1885.

Charnay gewinnt zunehmend an technischer Perfektion und erweitert das Spektrum
seiner Motive. Seine Bilder gewinnen an
Lebendigkeit, da auch alltägliche Szenen, die
einen Eindruck von den Arbeitsbedingungen
vermitteln sollen, entstehen. Der Forscher
nutzt alle technischen Möglichkeiten, die ihm
das Medium Fotografie in seiner Zeit bietet.

Im Anschluß an seinen Aufenthalt in
Palenque besucht Charnay erneut die Fundorte
Izamal, Chichén Itzá, Kabah und Uxmal in
Yucatán. Hier erfährt er von der Existenz noch
nicht erforschter Ruinen tief im Urwald von
Chiapas. Vom Ehrgeiz gepackt, der erste zu
sein, der die Ruinen erforscht, macht er sich
auf einen langen, beschwerlichen Marsch. Kurz
vor dem Ziel muß er jedoch erfahren, daß ihm
bereits jemand zuvorgekommen ist. Enttäuscht
läßt er seine Visitenkarte an den Unbekannten
senden und arrangiert ein Treffen mit seinem
Konkurrenten.

Doch die Begegnung verläuft anders als erwartet.
Der 22jährige Engländer stellt sich Charnay als Alfred P.
Maudslay vor. Als Maudslay die Enttäuschung des
französischen Gelehrten über sein zu spätes Eintreffen
bemerkt, teilt er ihm mit, er sei nur ein Amateur, der zum
Vergnügen reise. „Sie aber sind ein Gelehrter, und so soll
die Stadt Ihnen gehören." Charnay ist von Maudslays
Höflichkeit beeindruckt und will seinem Gegenüber in
nichts nachstehen. So versichert er Maudslay, daß sie
sich den Ruhm, die Stadt „Yaxchilán", wie er sie nennt,
entdeckt zu haben, teilen werden.

Wie uns die Ehe-
leute Maudslay
zeigen – hier eine Auf-
nahme aus dem Jahr
1894 während einer
Reise nach Guatemala –,
ist das Maultier noch
bis in unser Jahrhundert
hinein das gebräuch-
lichste Transportmittel,
das auch von den
Archäologen benutzt
wird. Trotz all seiner
Nachteile wird es
wahrscheinlich mehr ge-
schätzt als die rechts
abgebildete unkonven-
tionellere Art des Rei-
sens – im Stuhl sitzend
auf dem Rücken eines
indianischen Trägers.

DIE ENTDECKUNG VON YAXCHILÁN 91

Man kann sich kaum gegensätzlichere Charaktere als die des aufbrausenden Charnay und des eher kühlen Maudslay vorstellen.

Charnay ist von großzügiger Art, redegewandt, aber auch ausgesprochen eitel. Er träumt von großen Entdeckungen, die ihm ewigen wissenschaftlichen Ruhm sichern sollen. Maudslay hingegen ist eher zurückhaltend, ein Analytiker, und verfügt über eine gewisse Ironie. Er macht – zumindest in seinem Tagebuch – keinen Hehl daraus, welchen Unmut er angesichts der Zügellosigkeit seines berühmten Kollegen immer wieder empfindet.

Die charakterlichen Gegensätze berühren jedoch nicht den Wert ihrer gemeinsamen Arbeit. Sie forschen in bestem Einvernehmen. Charnay unterrichtet Maudslay in den Techniken der Herstellung von Pappmachéabdrücken und der archäologischen Grabung. Bereits auf seiner zweiten Reise in Zentralamerika ist Maudslay so versiert, daß er selbständig wissenschaftlich arbeiten kann.

Sein Interesse an der zentralamerikanischen Archäologie wird, wie das so vieler anderer, durch die Lektüre von Stephens' Reiseberichten geweckt. Bereits Jahre vor seiner Begegnung mit Charnay bereist Maudslay Guatemala und Honduras. Bei einem Aufenthalt in Quirigua schreibt er: „Während die ungewöhnlichen Umrisse der skulptierten Verzierungen Gestalt annahmen, wurde mir bewußt, bis zu welchem Grade diese Denkmäler, auf die ich fast durch Zufall gestoßen war, bedeutender waren, als es irgendein Bericht dargestellt hatte. Die Arbeit dieses Tages brachte mich dazu, mich endgültig für die zentralamerikanische Archäologie zu interessieren."

Maudslay unternimmt noch sieben weitere Expeditionen, die die archäologische Entdeckung und Erforschung Zentralamerikas vorantreiben sollen. Inzwischen hat Maudslay seine ursprünglich eingeschlagene Laufbahn als Kolonialverwalter aufgegeben, da seine zunächst nur als Hobby betriebene Forschung mittlerweile so viel Zeit in Anspruch nimmt, daß sie mit seinem Beruf nicht mehr zu vereinbaren ist. Dabei kommen drei gewichtige Faktoren seiner neuen Beschäftigung zugute: die Gewöhnung an

Als Maudslay 1883 nach Quirigua (links das Lager) zurückkehrt, begleitet ihn ein englischer Spezialist zur Anfertigung von Repliken. Die Aufgabe, die der Experte zu bewältigen hat, ist nicht leicht. Er soll einen Abdruck des Monuments (unten), das als „die große Schildkröte" bezeichnet wird, anfertigen.

Dieser große, über und über skulptierte Sandsteinfelsen mit einer Höhe von 2,20 m und einer Länge von 3 m stellt das Abbild eines doppelhäuptigen Wesens dar. Zur Fertigstellung des Abdrucks werden mehr als 2 t Gips benötigt. Der Abdruck selbst besteht aus über 600 Einzelteilen.

das Klima in den Tropen, ein ausdauerndes Interesse an den indianischen Sprachen und Kulturen und eine große Begabung zum Fotografieren. Als Sohn einer wohlhabenden Industriellenfamilie verfügt Maudslay zudem über genügend Reserven, mit denen er seinen Lebensunterhalt bestreiten kann.

Maudslay steht sowohl großen Theorien als auch allzu voreiligen Interpretationen skeptisch gegenüber. Er glaubt lediglich an die Aussagen gesicherter Dokumente.

Maudslay und Charnay haben sich gerade kennengelernt, als Charnay auch schon zu einem langen Vortrag über das geringe Alter der Ruinenstädte ansetzt. Maudslay hingegen bewahrt einen kühlen Kopf. Er ist fest davon überzeugt, daß man, um diese Kultur verstehen und erklären zu können, als erstes versuchen muß, sie mit Hilfe der sichtbaren und materiellen Hinterlassenschaft kennenzulernen. Dazu gehört zum einen alles, was noch in der Erde vergraben auf seine Entdeckung wartet, aber auch das gesamte bereits bekannte Werk der Maya, ihre Gebäude und ihre Skulpturen, die zum Teil schon von Stephens, Catherwood und Charnay beschrieben worden sind.

Die absolut verläßliche Dokumentation der Zeugnisse von Architektur, Kunst und Schrift scheint ihm von größter Wichtigkeit. Um diese zu gewährleisten, greift Maudslay vor allem auf drei Techniken zurück: die Fotografie, den Abdruck und die Zeichnung. Im Jahr 1882 verfügt er gegenüber Charnay noch über einen zusätzlichen Vorteil: Die Verbesserung der fotografischen Technik durch die Erfindung eines aus getrockneter Gelatine gefertigten Negativs bedeutet eine enorme Arbeitserleichterung. So können die Glasplatten schon

Dieses von Anne Hunter ausgeführte Planmodell von Copán verdeutlicht das Ausmaß der Zerstörung durch den benachbarten Fluß. Bis zur Verlegung des Flußlaufes auf Initiative der Carnegie-Institution (Washington) im Jahr 1936 werden große Teile der Ruinen vom Wasser untergraben und fortgespült.

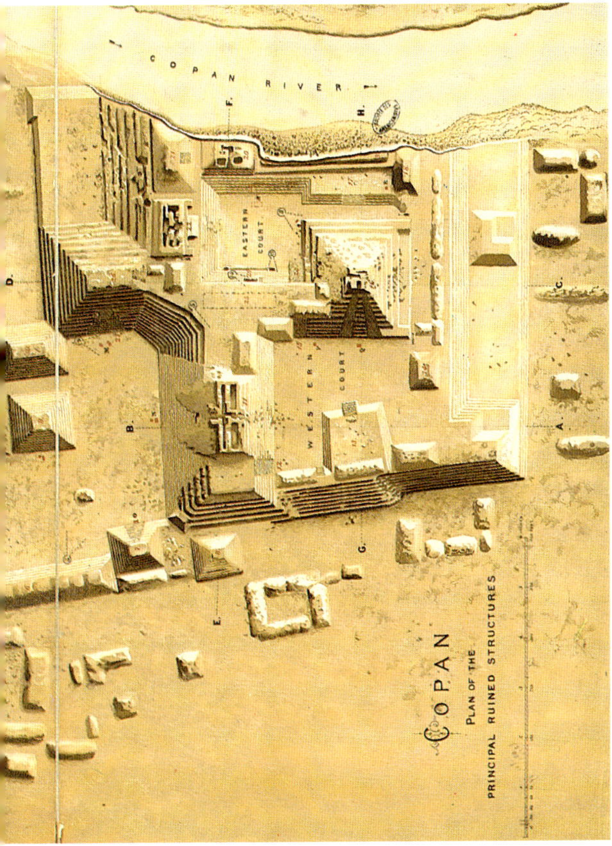

Als Maudslay 1888 den Jaguartempel von Chichén Itzá betritt, erwartet er nicht, die 45 Jahre zuvor von Stephens beschriebenen Wandmalereien noch unversehrt vorzufinden. Doch trotz der durch die extrem hohe Luftfeuchtigkeit bedingten Schäden und der Plünderung durch die Einheimischen findet Maudslay mehrere Szenen unversehrt vor und kann sie kopieren: Darstellungen von Menschenopfern, eine Schlacht, gut erhaltene Landschaftsbilder, ein Dorf am Rande eines mit Tieren bevölkerten Waldes.

lange vor Gebrauch beschichtet werden. Bei der bisherigen Technik mußte man sie in aller Eile kurz vor Gebrauch mit einer dünnen Schicht Jodsilber bepinseln. Auch ist es nun nicht mehr nötig, die belichteten Platten unmittelbar nach der Belichtung zu entwickeln. Diese Verbesserung bedeutet für den fotografierenden Forscher eine beträchtliche Reduzierung des Reisegepäcks und erspart ihm auch sonst einige Mühe.

Zusätzlich gelingt Maudslay eine Verbesserung der Abdrucktechnik, die ihn Charnay gelehrt hat. Das Ergebnis sind sehr viel präzisere und zudem stabilere Abdrücke, die es dem Engländer ermöglichen, auch Repliken von

Hochreliefskulpturen wie den Stelen in Copán anzufertigen. Aber diese Arbeit kostet viel Zeit, Geduld, Material und zudem viel Geld für den Abtransport der empfindlichen Formen. Allein in einer Saison verbraucht Maudslay 4 t Gips und 250 kg Papier.

Die fertigen Abdrücke werden von Indianerkonvois in einem mehrere Tage dauernden Marsch nach Izabal am Rio Dulce transportiert, von wo aus man sie über New Orleans nach England verschifft. Die von Maudslay hergestellten Abdrücke ermöglichen Reproduktionen der Originale, die an Präzision ihresgleichen suchen. Schnell werden sie begehrte Ausstellungsstücke der großen Museen und so einer breiten Öffentlichkeit zugänglich.

Teobert Maler brach auf, um an der Seite Kaiser Maximilians zu kämpfen. Doch auch er erliegt der Faszination Mexikos und beschließt, für immer zu bleiben.

Teobert Maler ist einer der letzten der großen Forscher. 1842 als Sohn deutscher Eltern in Rom geboren, begibt sich Maler nach seinem Studium der Architektur und des Ingenieurwesens in Karlsruhe nach Wien, wo er die österreichische Staatsbürgerschaft erwirbt. Nachdem Maximilian von Österreich als Kaiser Maximilian I. den Thron in Mexiko bestiegen hat, verpflichtet sich Maler, im Freiwilligenkorps der kaiserlichen mexikanischen Armee zu dienen. 18 Monate lang, bis zur Hinrichtung Maximilians im Jahr 1867, kämpft er an der Seite des unglücklichen Kaisers. Wieder Zivilist, bereist er erstmals weite Teile Mexikos und macht bei dieser Gelegenheit eine Reihe von Fotografien. Wie bereits seine Vorgänger sammelt auch er seine ersten Erfahrungen in dem gut zugänglichen und fotogenen Mitla. Palenque besucht er im Lauf des Jahres 1877 gleich dreimal.

Im Jahr darauf kehrt er aus familiären Gründen nach Europa zurück. Dort muß er in einem langen Rechtsstreit seinen Anspruch auf den Nachlaß der Familie geltend machen. Seine Kenntnisse über Mexiko und dessen Geschichte sowie die hohe Qualität seiner Fotografien erregen die Aufmerksamkeit der führenden Amerikanisten Europas. So nutzt Maler seinen Aufenthalt in Europa, um mehrere Abhandlungen zu schreiben, Vorträge in der französischen Geographischen Gesellschaft zu halten und seine Kenntnisse über die Maya durch ein intensives Studium der Literatur zu vertiefen.

Teobert Maler (oben) fertigt im Jahr 1913 eine Reihe bemerkenswerter Fotografien an. Diese hier vermittelt einen hervorragenden Eindruck von der Dachkonstruktion des Tempels der Inschriften in Palenque. Sie ist in der für die Maya-Architektur typischen Bauweise des „falschen Gewölbes" ausgeführt. Diese Konstruktion erlaubt kein Überdachen großer Flächen, sondern eignet sich vielmehr zur Überdachung langgestreckter, schmaler Räume. Im Gegensatz zu den Druckbögen des „echten Gewölbes" kommt das Maya-Gewölbe dadurch zustande, daß zwei gegenüberliegende Mauern zur Mitte hin angenähert und dort verkragt werden. Die nach oben hin mächtiger werdenden Mauern verleihen der Konstruktion zusätzliche Stabilität.

Palenque

98 DIE FOTOGRAFIERENDEN FORSCHER

Im Alter von 42 Jahren kehrt er 1884 nach Mexiko zurück, nachdem er seinen Prozeß und damit ein kleines Vermögen gewonnen hat. Dieses nutzt er, um die Erforschung der Maya-Ruinen weiter voranzutreiben. In Ticul, einer kleinen Stadt in Yucatán, richtet er sich ein, erkundet und fotografiert von dort aus eine große Anzahl von archäologischen Stätten, wobei er oftmals der erste ist, der diese auf Fotografien festhält. Im Jahr 1895 stößt Maler mit Hilfe einiger indianischer Arbeiter bis zu den Ruinen des Petén am Rio Usumacinta vor.

Vor Ort arbeitet er mit größter Sorgfalt und Professionalität. Geduldig wartet er stundenlang auf günstige Lichtverhältnisse und sucht nach der besten Kameraeinstellung. Seine Bilder entwickelt er sofort, um so die Fotos, die ihm als nicht gelungen erscheinen, gleich noch einmal neu machen zu können.

1898 beauftragt ihn das Peabody Museum der Harvard-Universität mit einer Reihe von Expeditionen in das

Dieses Relief eines Altars aus der „Friedhof" genannten Gruppe von Bauten in Uxmal enthüllt einen besonders grausigen Zug der mittelamerikanischer Kulturen. Auf dieser Plattform, deren Seiten umlaufend mit Totenschädeln und gekreuzten Knochen versehen sind, wurden die Köpfe der den Göttern geopferten Menschen zur Schau gestellt.

Land der Maya. Dadurch veröffentlicht Maler erstmals seine Forschungsberichte mit ausführlichen Beschreibungen, Angaben von Routen, Plänen, Skizzen – und natürlich illustriert mit seinen ausgezeichneten Fotografien.

Vielen der Fundstellen hat man bislang keine große Aufmerksamkeit gewidmet, bedeutende Ruinen wie Piedras Negras und Naranjo, Stätten in Chiapas, im Tal des Usumacinta und im Petén werden erstmalig von Maler beschrieben. Im Jahr 1905 kommt es zwischen dem Forscher und seinem Auftraggeber zu einer heftigen Auseinandersetzung, in deren Folge ein anderer mit der Durchführung der vierten Expedition beauftragt wird. Maler ist darüber sehr verbittert und kann sich bis zuletzt nicht mit seinem erzwungenen Rücktritt abfinden. Nach einem zweijährigen Europaaufenthalt stirbt er 1917 in Mérida.

Maler macht zeitlebens keine Ausgrabungen. Das Peabody Museum organisiert in den Jahren 1891 bis 1895 als erste Institution großangelegte wissenschaftliche Ausgrabungen in Copán. Neben der Anfertigung eines Plans vom Zentrum der Fundstelle werden eine Reihe von Plätzen und Gebäuden freigelegt. Die Suche nach Opfergaben und alltäglichen Gegenständen erbringt neue Erkenntnisse über die Bestimmung der einzelnen Gebäude. Doch trotz der großen Ausgrabungskampagne bleiben viele Fragen unbeantwortet. Noch immer ist keine endgültige Aussage über die wahre Größe und Ausdehnung der Städte, deren Alter und die Dauer der Besiedlung möglich.

Die Bestimmung des Zwecks vieler Gebäude blieb ebenso unklar wie die Bewertung einzelner Fundstücke. Wie soll man über einen Totenkult sprechen, wenn man kaum Gräber kennt, wie soll man Aufschluß über die Gedankenwelt der Maya erlangen? Große Probleme bereitet außerdem die Tatsache, daß in dem feucht-tropischen Klima vergängliche Gegenstände aus Holz, Stoff oder anderem organischem Material so gut wie nie erhalten bleiben. Aber gerade solche Gegenstände sind es, die Aufschluß über das alltägliche Leben der Alten Maya geben könnten. Dahingegen werden Hunderte von Baudenkmälern aus Stein fotografiert oder gezeichnet.

Im allgemeinen sind die Pyramiden der Maya im Gegensatz zu den ägyptischen massiv gebaut und dienen lediglich als Fundament für den Tempel, der oftmals nur aus Holz besteht. Eine Ausnahme bildet der Tempel der Inschriften in Palenque. In ihm befindet sich eine reich ausgestattete Grabkammer, in der der Priesterkönig Pacal bestattet ist.

FÜNFTES KAPITEL
BOTSCHAFTEN IN STEIN

Ich werde nicht versuchen, den Eindruck zu beschreiben, der sich mir beim Anblick dieser uns unverständlichen, aber trotzdem in ihrer stummen Sprache lebendigen Tafeln aufdrängte." Schon Stephens drückt das aus, was auch heute noch jeder Besucher von Palenque angesichts der mit Hieroglyphen bedeckten Platten des Tempels der Inschriften empfindet – Bewunderung und zugleich eine tiefe Ratlosigkeit.

Die im Jahr 771 n. Chr. errichtete Stele E von Quirigua ist mit einer Gesamthöhe von 11,70 m das größte bekannte Maya-Monument seiner Art. Vorder- und Rückseite des prismenförmigen Blocks werden vollkommen von dem Portrait des Herrschers eingenommen, die Schmalseiten bedeckt jeweils eine lange Inschrift, bestehend aus zwei Reihen von Glyphen.

102 BOTSCHAFTEN IN STEIN

Vor Catherwood haben sich nur wenige Künstler daran versucht, die Maya-Hieroglyphen abzubilden. In den ersten Erhebungen wie auch im Bericht del Rios finden sich lediglich spärliche Hinweise – zwei Tafeln mit Inschriften, auf denen jeweils sechs Hieroglyphen abgebildet sind. Auch Galindo führt in seinem Bericht nur einige wenige Beispiele an. Wie ist es zu erklären, daß diese in Stein gemeißelten Schriftzeichen, die zu Tausenden die Monumente bedecken, Haushaltsgeräte und bemalte Keramik zieren, so wenig Beachtung gefunden haben? Offensichtlich fühlen sich die Forscher und Zeichner überfordert. Der Versuch, die hochkomplizierten Glyphen, deren Sinn niemand mehr versteht, wiederzugeben, beschränkt sich oft darauf, Ähnlichkeiten mit den bereits bekannten und entzifferten Schriftzeichen anderer Kulturen aufzuzeigen. Bis zum wahren Verständnis der stummen Zeichen im Stein ist es noch ein langer Weg.

Bereits ein flüchtiger Blick genügt, um festzustellen, daß Waldeck es mit der naturgetreuen Wiedergabe der Maya-Schriftzeichen nicht sehr genau nimmt. Hält man ihm zugute, daß die verschlungene, üppige Ornamentik der Glyphen selbst ein geschultes Auge verwirrt, erklärt dies trotzdem nicht die Anwesenheit von Elefantenköpfen und Keilzeichen...

Im Jahr 1866 glaubt Pater Brasseur de Bourbourg, dem Ziel der Entzifferung bereits sehr nahe zu sein: „Der Schlüssel zu diesen Hieroglyphen ist heute entdeckt; es müssen nur noch die Wege gefunden werden, diesen auch zu benutzen."

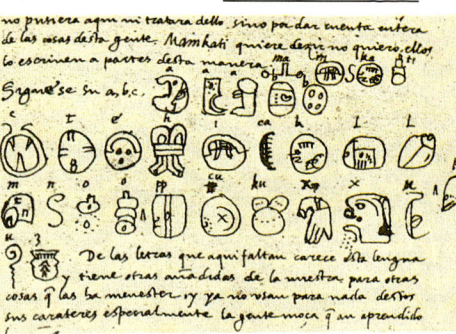

Bereits kurz nach der Eroberung Mittelamerikas versuchen Missionare dem Geheimnis der Glyphen auf die Spur zu kommen. Der bekannteste unter ihnen ist Diego de Landa, Bischof von Yucatán. In seiner „Relación de las cosas de

Sehr schnell wird deutlich, daß die meisten von den Maya benutzten Schriftzeichen nicht im Alphabet Landas enthalten sind und dieses folglich auch nicht den Schlüssel zu ihrer Entzifferung liefern kann.

Yucatán", dem Werk, das erst Jahrhunderte später von der Wissenschaft wiederentdeckt werden soll, gibt er für die Entzifferung der Maya-Schrift einen ersten, wenn auch irreführenden Impuls.

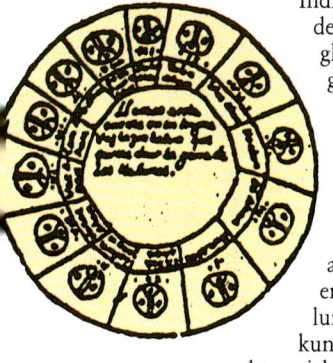

Landa verfolgt die Absicht, soviel wie möglich von der Kultur der Indianer kennenzulernen und der Nachwelt zu erhalten. Er glaubt, daß es sich bei den glyphischen Zeichen, die die Maya zum Schreiben benutzen, um ein Alphabet handeln muß, ganz ähnlich den Buchstaben der indo-europäischen Sprachen. Ein nichtalphabetisches Schriftsystem entzieht sich seiner Vorstellungskraft. Mit Hilfe schriftkundiger, gebildeter Indianer versucht er sich an der Interpretation der Glyphen. Landa wählt für seinen Ansatz einsilbige Wörter der Maya, die jedoch im Spanischen mit zwei Buchstaben geschrieben werden.

„Damit sie es in ihren Schriftzeichen schreiben können, machen wir ihnen verständlich, daß es zwei Buchstaben sind..." Gegeben sei das Maya-Wort für Wasser, ha. Das Wort selbst setzt sich aus den beiden Buchstaben h, im Spanischen a-tche, und a zusammen. Der Indianer schreibt also Schriftzeichen, die diesen phonetisch am nächsten kommen,

Zum Zeitpunkt der Eroberung ist eine Methode der Maya-Zeitrechnung die Zählung der katun. Jeder katun ist nach seinem letzten Tag, ahau, benannt, dem eine Zahl zwischen 1 und 13 vorangestellt wird. So gibt es in diesem System 13 aufeinanderfolgende katun, wobei sich ein bestimmter katun (z. B. 4 ahau) nach 13 x 20 = 256 Jahren wiederholt. Dieser Zyklus wird auch die Runde der katun genannt, die durch ein Rad dargestellt wird, das sich gegen den Uhrzeigersinn dreht.

ein Zeichen für a, ein Zeichen für tche und wieder ein Zeichen für a. Genauso würde man im Deutschen Wagen als „Weageeen" schreiben. Landa wiederum skizziert nun die glyphischen Zeichen und interpretiert sie als A, B, C und so fort. Daß hierbei Mißverständnisse auftreten müssen, ist einleuchtend. So heißt das Maya-Wort für Weg be, und Landa interpretiert die zugehörige Glyphe als b. Damit ist das Alphabet, das Landa zu erstellen versucht, bestenfalls eine Silbenliste. Ihm entgeht völlig, daß es sich bei vielen Glyphen um sogenannte Logogramme, Zeichen, die für ein ganzes Wort stehen, handelt.

Die Mißverständnisse zwischen Landa und seinen Informanten werden immer größer. Als Landa schließlich einen von ihnen bittet, irgendeinen Satz niederzuschreiben, schreibt der mittlerweile sichtlich verzweifelte Indianer: „ma in kat" (ich möchte nicht).

Die Forscher sind von der Entzifferung des Kalenders besessen und vergessen darüber, daß ein Datum – etwas datiert.

Wenn auch das Alphabet von Landa die ersten Versuche, die Maya-Schrift zu entziffern, auf einen völlig falschen Weg führt, birgt sein Werk doch den Schlüssel zu einem anderen Teil der Maya-Inschriften. Wie sich sehr bald herausstellt, messen die Maya-Gelehrten der Zeitrechnung einen großen Stellenwert bei. Der in ganz Mexiko gebräuchliche, hochkomplizierte Kalender und die damit verbundenen astronomischen Berechnungen sind auch für die Maya von allergrößter Wichtigkeit. Etwa die Hälfte der Schriftzeichen auf der „Platte der 96 Glyphen" von Palenque sind kalendarische Zeichen, große Teile der Codices beinhalten Zeitangaben und kalendarische Berechnungen.

Glyphen und halbplastisch dargestellte Figuren bedecken die Rückseite dieser Stele aus Quirigua.

Die Bedeutung der Tages- und Monatszeichen aber sind von Landa überliefert. So beschränken sich die ersten wissenschaftlichen Versuche einer Entzifferung zunächst darauf, in den Inschriften nach kalendarischen Angaben sowie Tages- und Monatsglyphen zu suchen. In 14jähriger Arbeit gelingt es schließlich dem königlich-sächsischen Oberbibliothekar in Dresden, Ernst Förstermann, an Hand des „Codex Dresdensis" die Funktionsweise des Kalenders zu enträtseln. Da der Beginn der Maya-Zeitrechnung, ein fiktives Datum im Jahr 3114 v. Chr., inzwischen ebenfalls bekannt ist, kann man die Maya-Zeit-

DER MAYA-KALENDER 105

Die eindeutige Interpretation der in den Codices dargestellten Szenen bereitet auch heute noch Schwierigkeiten. So kann die letzte Seite des „Codex Dresdensis" entweder als die Zerstörung der Welt durch eine Sintflut angesehen oder aber, eher prosaisch, als Beginn der Regenzeit gedeutet werden. Eine alte Göttin leert einen Wasserkrug über der Welt aus, gleichzeitig ergießt sich ein Wolkenbruch aus dem Maul eines Ungeheuers mit dem Kopf eines Krokodils und den Hufen eines Hirsches; sein Körper ist mit göttlichen Symbolen versehen: Venus, Himmel, Sonne, Dunkelheit. Andere Fluten ergießen sich aus Kartuschen, die Sonne und Mond darstellen sollen. Darunter kauert der schwarze Gott L, einer der fünf speerschleudernden Venusgötter und Herr der Unterwelt; seine Attribute sind Speere, die er in der Hand hält, und ein Hut, auf dem ein sogenannter Muanvogel sitzt.

106 BOTSCHAFTEN IN STEIN

rechnung mit der unsrigen korrelieren (die sogenannte *Goodman-Martinéz-Thompson-Korrelation*). Damit ist man erstmals in der Lage, zuverlässige Datierungen in einem chronologischen Rahmen vorzunehmen.

Bald darauf entdecken die Forscher, daß nahezu alle Gebäude mit dem Datum ihrer Einweihung versehen sind und in regelmäßigen Abständen Stelen und Monumente mit derartigen Inschriften errichtet wurden. So setzt sich die Meinung durch, daß die Maya einem Kalenderkult verhaftet waren, der sie zwang, in bestimmten zeitlichen Abständen neue Tempel und Paläste zu errichten und der vielleicht auch für das Verlassen der Städte in klassischer Zeit verantwortlich war; eine Theorie, die allerdings nie endgültig bestätigt werden konnte.

Tausende von Inschriften warten auf ihre Entzifferung. Die Aussicht, den Schlüssel zu ihrem Verständnis zu finden, ist jedoch gering.

Ist man nun auch in der Lage, die kalendarischen Inschriften zu lesen, herrscht doch weiterhin Unklarheit über den Inhalt der nichtkalendarischen Inschriften. Keiner vermag eine Aussage darüber zu machen,

Stilistische Variationen zur Darstellung der Schlange.

DAS RÄTSEL DER HIEROGLYPHEN

ob es sich um mythische oder historische Inschriften handelt und in welchem Bezug sie zu den Daten stehen. Vergeblich versuchen Generationen von Forschern, den Schlüssel zum Verständnis der Zeichen zu finden. Oft – so in den Codices – sind die Texte von Bildern begleitet. Vielleicht kann eine richtige Interpretation der Bilder helfen, den Text zu verstehen, vorausgesetzt, daß ein Zusammenhang zwischen Bild und Text besteht. Doch wie soll man die Bilder interpretieren? Zu gering sind die Kenntnisse über die Maya selbst, ihre Bräuche, ihre Religion und Philosophie. Die Hürden scheinen unüberwindlich.

Ein Charakteristikum der Maya-Kunst erschwert die Arbeit der Forscher. Die Interpretation eines Zeichens oder Bildes setzt sein Erkennen voraus, und das ist im Fall der Maya-Schrift auch für den Spezialisten nicht immer einfach. Die Abbildungen der Maya sind keine realistischen Darstellungen, sondern es handelt sich dabei vielmehr um stilisierte und in verworrene Ornamente aufgelöste Themen. Die Künstler der Maya veränderten zudem die Proportionen, setzten Glyphen anstelle der Augen, verzerrten bestimmte Körperteile, zeichneten zum Beispiel Vogelflügel in Form von Reptilienkiefern. Das ursprüngliche Objekt wird oftmals bis zur Unkenntlichkeit entstellt.

Mythische Schlangen gibt es in der Religion vieler Völker. Das Motiv der Schlange taucht auch in der Kunst der Maya und anderer mexikanischer Völker immer wieder und in vielfach abgewandelter Form auf. Oft ragt aus ihrem weit aufgerissenen Maul der Kopf einer Gottheit. So stellen die Maya die Kontaktaufnahme eines göttlichen Geschöpfs aus einer anderen Welt mit der unsrigen dar.

Durch die Anhäufung, das Ineinander-Übergreifen und Wiederholen verschiedener Motive in unterschiedlichen Variationen entsteht das, was man im Zusammenhang mit der Kunst der Maya als die „Angst vor der Leere" bezeichnet. Jeder freie Raum ist genutzt, die Kunstwerke und Schrifttafeln sind flächendeckend mit Ornamenten überzogen. Das Auge des Betrachters tut sich schwer, sich in dieser verwirrenden Vielfalt zurechtzufinden oder sie gar in ihre Details aufzulösen.

Stück für Stück gelingt es, die unterschiedlichsten Motive zu unterscheiden und zu identifizieren.

Die ersten Forscher bekennen freimütig, daß sie nicht in der Lage sind, die von ihnen entdeckten Bilder zu erkennen und zu verstehen. In vielen frühen Bilddokumenten wird deutlich, daß die europäischen Künstler zwar einzelne Elemente eines Ganzen – wie zum Beispiel eine Maske – darstellen, ohne die Zusammengehörigkeit der Elemente zu erkennen. Einer der ersten, der die von ihm fotografierten Bildwerke wirklich versteht, ist Maudslay. Er versucht, sie dem Betrachter dadurch verständlich zu machen, daß er einzelne zusammengehörige Teile einfärbt und so dem Auge hilft, die Motive zu unterscheiden. Ihm gelingt auch der Beweis, daß sich gewisse Themen an verschiedenen Fundorten wiederholen. Das gilt vor allem für das Motiv der gefiederten Schlange, welches in unzähligen Variationen in der Kunst der Maya eine zentrale Position einnimmt.

DIE ENTRÄTSELUNG DER BILDER 109

Andere Forscher, allen voran H.J. Spinden und Tatiana Proskouriakoff, beginnen inzwischen mit dem Studium der bisher vernachlässigten Ausdrucksformen der Maya-Kunst, nämlich den Reliefskulpturen. Auch hier tun sich zunächst nur neue Fragen auf. Um wen handelt es sich bei den Männern und Frauen, die auf den Stelen, Reliefs und hölzernen Türstürzen dargestellt werden? Sind es historische Persönlichkeiten wie Priester und Könige oder aber Götter und mythische Gestalten? Auf einer Vielzahl der erhaltenen Reliefs sind Szenen abgebildet, in denen mehrere Personen von offensichtlich unterschiedlichem gesellschaftlichem Rang auftreten. Aus der Anordnung der Figuren zueinander hofft man, Einblicke in die Ordnung der klassischen Maya-Gesellschaft zu gewinnen. Schwierig wird die Einordnung der unzähligen phantasievollen Fabelgestalten, der dämonenhaften Fratzen und der seltsamen hybriden Wesen, die halb Mensch, halb Tier sind.

Die Maya-Forscher sehen sich vor eine große Herausforderung gestellt. Das Material ist zwar vorhanden, aber es ist noch stumm.

Unter großen Anstrengungen macht man sich daran, Mosaikstein für Mosaikstein der Kultur zusammenzusetzen. Die Zusammenarbeit von Fachleuten der unterschiedlichsten Disziplinen ist erforderlich, um allmählich ein Bild von den Alten Maya entstehen zu lassen. Der Vergleich von historischen Dokumenten wie den Berichten Landas und szenischen Darstellungen auf den Codices ermöglicht in manchen Fällen die Interpretation einzelner Bilder. So kann eine Parallele zwischen den Seiten 25 bis 28 des „Codex Dresdensis" und dem Bericht Landas über eine Neujahrsfeier bei den Maya festgestellt werden. Es handelt sich um die gleiche Zeremonie.

Das Zeremonialzentrum Quirigua, nordwestlich von Copán gelegen, zeichnet sich durch seine kunstvollen Steinplastiken aus. Einen Eindruck von den komplizierten Kompositionen vermittelt diese Altarplatte. Ein Bein der dargestellten Person ragt durch einen V-förmigen Spalt in die Unterwelt hinein. Die Erde wird durch ein großes T dargestellt, das in diesem Fall von Inschriften bedeckt ist.

Maudslay hebt einen Teil der Ornamente farblich hervor, um dem Betrachter das Erkennen zusammengehöriger Teile zu erleichtern. Die prachtvoll gestaltete Stele B (Höhe 2,70 m) aus Copán zeigt das Abbild eines Maya-Herrschers. Solche Stelen stellen gewissermaßen Meilensteine der Maya-Geschichte dar und künden von historischen Ereignissen wie Thronbesteigungen oder dem Tod der jeweiligen Herrscher.

Der Bau einer Pyramide

Mit 16 sichtbaren Tempeln, die im Lauf der Jahrhunderte immer wieder überbaut wurden, bildeten der hier abgebildete Tempel I und der gegenüberliegende Tempel II den Kern des Zeremonialzentrums von Tikal. Mit einer Höhe von bis zu 40 m überragen sie weithin sichtbar die Baumgipfel des Urwalds von Guatemala. Der eigentliche Tempel, bestehend aus drei kleinen, parallel aneinandergereihten Räumen, erhebt sich auf dem pyramidenförmigen Unterbau aus drei mächtigen, sich nach oben verjüngenden Sockeln. Hier wird die Funktion des Tempels als erhöhter, dem Volk unzugänglicher Reliquienschrein deutlich, von dessen Höhe herab die Priester den Gottesdienst zelebrierten. In Tikal konzentriert sich alles auf die Vorderseite des Tempels. Eine riesige, zentrale Maske beherrscht die Fassade des Tempelfirstes, kleinere Masken schmükken den oberen Dachstreifen und flankieren die Zugangstreppe des Heiligtums. Das gesamte Gebäude war einstmals mit Stuck überzogen und wahrscheinlich bemalt.

Ein praeklassisches Maya-Zentrum

Diese Pyramide von Uaxactún (ungefähr 25 km nordöstlich von Tikal gelegen) wird bereits 200 bis 300 Jahre vor Beginn unserer Zeitrechnung, das heißt in der praeklassischen Periode, errichtet. Wie bei den meisten anderen mexikanischen Pyramiden befindet sich auch auf ihrer Spitze ein Bauwerk aus vergänglichem Material. Ihre in die Himmelsrichtungen ausgerichteten vier Treppen werden von mächtigen Schlangen und Jaguarmasken aus Stein und Stuck gesäumt, von denen einige einen starken olmekischen Einfluß aufweisen. Es ist das erste bekannte Beispiel einer Pyramide mit vier Treppen, deren Grundriß vielleicht den in vier Quadranten aufgeteilten Kosmos symbolisieren soll. Trotz einer Vielzahl primitiver architektonischer Züge zeigt diese Pyramide bereits zu einem frühen Zeitpunkt Merkmale, die in der religiösen Architektur der klassischen Maya-Zentren Bestand haben sollen.

Leben in den Tempelbezirken

So könnte der zentrale Kultbezirk von Copán in seiner Blütezeit gegen Ende des 8. Jahrhunderts n. Chr. ausgesehen haben. Dieser großartige Tempelkomplex hält jedem Vergleich mit ähnlichen Anlagen der Alten Welt stand. Links im Bild erstreckte sich der große Platz, der, von Treppen eingefaßt, sicher auch Schauplatz öffentlicher Veranstaltungen und Prozessionen war. Hier fanden sich die meisten der berühmten Stelen von Copán, von denen jede einzelne vom Leben und Tod eines Herrschers kündet. Bei dem kleinen Gebäudekomplex in der Bildmitte handelt es sich um den Ballspielplatz, der in der charakteristischen T-Form angelegt ist. Da das Ballspiel bei den Mexikanern eine rein kultische Handlung war, ist es nicht verwunderlich, daß er sich inmitten des Tempelbezirks befindet. Das irdische Ballspiel ist eine Darstellung des kosmischen Ballspiels der Götter, der von den Spielern mit der Hüfte gestoßene Kautschukball symbolisiert den Lauf der Sonne. Rechts schließt sich der insgesamt erhöht angelegte Tempelbezirk an. Hier befanden sich neben den Hauptpyramiden auch eine Zahl kleinerer Tempel und die Residenz der Herrscher von Copán.

SECHSTES KAPITEL
VOM BILD ZUR WIRKLICHKEIT

Im Jahr 1946 bricht der Fotograf Giles Greville Healy im Auftrag der United Fruit Company zum westlich des Rio Lacanhá gelegenen Dschungel von Chiapas auf. Er hat die Aufgabe, einen Film über die Lacandonen, einen Maya-Stamm, zu drehen, die in ihrem unzugänglichen Gebiet über Jahrhunderte hinweg viele ihrer alten Traditionen unversehrt bewahren konnten.

Die bei ihrer Entdeckung gut erhaltenen Wandmalereien des Tempels von Bonampak ermöglichen der Wissenschaft völlig neue Einblicke in die Welt der klassischen Maya-Kultur. Dargestellt sind neben religiösen Themen auch Szenen des täglichen Lebens. Die Malereien selbst sind auf einer mehrere Zentimeter dicken Putzschicht angebracht, die Farben meist mineralischen Ursprungs. Der gute Zustand der Gemälde ist einer hauchdünnen Kalksinterschicht zu verdanken, die sich im Lauf der Jahrhunderte auf den Bildern gebildet hat.

118 VOM BILD ZUR WIRKLICHKEIT

Bis weit in unser Jahrhundert ist die Serie der großen Entdeckungen auf dem Gebiet der Maya-Forschung nicht abgeschlossen. In den 1940er Jahren rückten die Lacandonen in den Wäldern von Chiapas in den Blickpunkt der Weltöffentlichkeit. Die Lacandon-Maya lebten bis wenige Jahre davor in völliger Abgeschiedenheit. Gelegentliche Kontakte mit Holzfällern und Kautschuksammlern machten erstmals auf ihre Existenz aufmerksam.

Die Lacandonen haben noch Kenntnis von einer Vielzahl Ruinen, die tief im Inneren der Wälder verborgen liegen. Sie verehren diese als den Wohnsitz der Götter und begeben sich regelmäßig dorthin, um Opfergaben niederzulegen, Weihrauch zu verbrennen und zu beten. Normalerweise lehnen sie es ab, Weiße an die heiligen Orte zu führen; für den Amerikaner Charles Frey jedoch machen sie eine Ausnahme. Es gelingt ihm, ihr Vertrauen zu erwerben, indem er ihnen einige „Errungenschaften der Zivilisation" – Jagdgewehre, Munition, Kleider und Medikamente – mitbringt. An einem Maitag des Jahres 1946 führt ihn sein lacandonischer Freund Chan Bor zu einem größeren Ruinenkomplex. Das größte der Gebäude ist mit drei Türen versehen. Frey tritt ein, aber in der Dunkelheit, die ihn dort umgibt, kann er nichts erkennen. So geht er wieder hinaus, um sich eine Fackel zu fertigen. Mit der brennenden Fackel in der Hand betritt er nun erneut das Gebäude, und nachdem sich seine Augen an die herrschenden Lichtverhältnisse gewöhnt haben, erstarrt er vor Verwunderung. Im Halbdunkel zeichnen sich an den Wänden in prächtigen Farben gemalte Gestalten ab: Krieger, Herrscher in vollem Ornat – eine Fülle von Bildern, die von dem Ruhm des Volkes künden, das die Anlage schon vor Jahrhunderten errichtet hat. Die Farben wirken so frisch, als seien sie erst vor kurzem aufgetragen worden. Der gleiche Anblick bietet sich in den beiden folgenden Räumen. Wie spätere Vermessungen zeigen, bedecken die Wandmalereien eine Fläche von insgesamt 144 m².

Die Entdeckung von Bonampak – so wird der Ort später genannt – bedeutet nicht nur für die Lacandonen das Ende ihrer Abgeschiedenheit und Ruhe.

Unten sieht man einen rekonstruierten Bildausschnitt von der Nordwand des zweiten Raumes in Bonampak. In der Bildmitte ist der Herrscher und sein Hofstaat dargestellt. Bei den knienden, nur mit einem Lendenschurz bekleideten Gestalten handelt es sich um Kriegsgefangene, über die soeben Gericht gehalten wird. Die Darstellung von Kriegszügen, Opfergeräten und Menschenopfern zwingen die Wissenschaft, von der Vorstellung einer friedliebenden Maya-Kultur Abschied zu nehmen.

DIE ENTDECKUNG DER FRESKEN VON BONAMPAK

Die auf den Fresken von Bonampak dargestellten Szenen erschüttern das scheinbar festgefügte Gedankengebäude der Maya-Forscher in seinen Grundfesten.

Mit Bekanntwerden der Funde im Urwald von Chiapas und der kurz darauf folgenden Veröffentlichung der Fotografien von Healy setzt ein wahrer Run auf Bonampak ein. Bereits im Jahr darauf, 1947, schicken die Carnegie Institution of Washington und das Nationale Anthropologische Institut von Mexiko Forscher und Künstler vor Ort, um die Malereien zu untersuchen und abzuzeichnen. Die erste Studie über Bonampak erscheint jedoch erst

Die in beispielloser Farbigkeit und Detailtreue angelegten Fresken vermitteln einen hervorragenden Eindruck vom Alltag und der Prunksucht des klassischen Maya-Adels. Bemerkenswert sind die phantasievollen Gewänder der Adligen und der Aufzug der Krieger, die am Fuß der Treppe Wache halten.

1955. Hierin werden die Fresken beschrieben und interpretiert. Allerdings ist man zu vorsichtig, um die klassischen Lehrmeinungen in Frage zu stellen.

Doch die Bilder sprechen für sich. Die abgebildeten Kriegsgefangenen, Hinweise auf Menschenopfer und gewalttätige Auseinandersetzungen lassen das bis dahin verbreitete Bild vom friedliebenden Volk der Maya fraglich erscheinen. Angesichts der Betonung der Krieger und Herrscher auf den Fresken beginnt man, an der Allmacht der Kalenderpriester zu zweifeln. Die bisher angenommene Herrschaftsform der *Theokratie* scheint zumindest in Frage gestellt.

Erstmals erhält man differenzierte Einblicke in die Gesellschaftsstruktur der klassischen Maya-Gemeinwesen, die in detaillierter Weise auf den Bildern zum Ausdruck kommt. Die Entdeckung, daß ein und dieselben Personen in verschiedenen Szenen auftreten, und die Identifizierung der zugehörigen Namensglyphen zwingen dazu, den historischen – und nicht mythischen – Charakter der Malerei anzuerkennen.

Im Jahr 1949 betreten mexikanische Archäologen die Szene: Erstmals wird in Palenque systematisch gegraben.

Unter der Leitung von Alberto Ruz Lhuiller beginnt der erste von insgesamt zehn Grabungsabschnitten in den Ruinen von Palenque. Sein besonderes Augenmerk gilt dabei dem größten der Tempel, dem Tempel der Inschriften. Seit Maudslay sind an diesem Gebäude keine weiteren Untersuchungen mehr vorgenommen worden. Ruz vermutet, daß sich unter dem Tempel noch Reste eines älteren Gebäudes aus der praeklassischen Zeit befinden.

Eine Reihe anderer Untersuchungen, die u.a. in Chichén Itzá durchgeführt wurden, ergab, daß die Maya in regelmäßigen Zeitabständen ihre Tempel komplett überbauten. Dabei umhüllte der neue Mantel den alten Kern. Mehrere aufeinanderfolgende Überbauungen im Laufe der Jahrhunderte führten dazu, daß der Schnitt durch Tempelpyramiden einer Zwiebel mit vielen Schalen gleicht.

So läßt Ruz die Umgebung des Gebäudes zunächst abholzen. Gleichzeitig säubert er die Räume im Inneren, wo die drei Tafeln stehen, denen der Tempel seinen

In der Grabkammer des Tempels der Inschriften von Palenque finden sich neben wertvollen Jadearbeiten auch eine Reihe einzigartiger lebensgroßer, aus Stuck gefertigter Köpfe. Sie zählen zu den schönsten altmexikanischen Kunstzeugnissen. Vermutlich handelt es sich um die Portraits der verstorbenen Herrscher.

GRABUNG IM TEMPEL DER INSCHRIFTEN 121

Eine der eindrucksvollsten Maya-Steinmetzarbeiten ist dieser Deckel des Sarkophags aus der Grabkammer in Palenque. Darauf ist der verstorbene Priesterkönig Pacal dargestellt, der in leicht zurückgelehnter Haltung auf einer Maske des Dämons der Finsternis und im Rachen des Todes sitzt. Das Maul des Dämonen sieht aus wie ein Rahmen, der aus zwei senkrechten und einem waagerechten Schlangenkiefer gebildet wird. Hinter dem jungen König erhebt sich in Kreuzform der heilige Baum der Unterwelt, auf dessen Spitze ein Vogel sitzt, der wahrscheinlich die Sonne symbolisiert. Das Kreuz der Maya ist vorchristlichen Ursprungs und symbolisiert das viergeteilte Universum sowie den Schnittpunkt der vier Himmelsrichtungen. Durch seine Ähnlichkeit mit dem christlichen Kreuz vereinfacht es eine Verbindung der beiden Glaubensvorstellungen. Die doppelhäuptige Schlange mit dem geschwungenen Körper ist ein Abbild des Himmels.

Namen verdankt. Darauf befindet sich mit insgesamt 617 Glyphen die längste bekannte zusammenhängende Inschrift der Maya. Bei der Vermessung der Räume bemerkt Ruz, daß die Wand des Tempels nicht auf Bodenniveau steht. Zudem ist im Hauptraum eine der Bodenplatten mit einer doppelten Reihe von Perforierungen versehen, durch die offenbar Seile geführt wurden, um sie zu bewegen. Nun beginnt eines der größten Abenteuer der mexikanischen Archäologie. Neugierig geworden, entfernt Ruz die Platte und gräbt an der Stelle weiter. Ein Gerücht besagt, daß er zuvor eine Maus beobachtet habe, die zwischen den Fugen verschwand. Schon bald stößt er in 80 cm Tiefe auf einen Stein, der Teil eines Gewölbes sein könnte. In 2 m Tiefe legt er schließlich eine erste Stufe frei, der eine zweite und dritte folgen.

Die Spannung der Ausgräber wächst. Sie erkennen sehr schnell, daß es sich um einen mit Geröll zugeschütteten Gang handelt, der in westlicher Richtung auf das Innere der Pyramide zu verläuft. Doch sie müssen sich in Geduld üben. Ruz läßt den angestochenen Gang wieder sorgfältig schließen, da die Grabungen erst ein Jahr später fortgeführt werden sollen.

Mit genügend Hilfskräften und entsprechender Ausrüstung begibt man sich im folgenden Jahr erneut ans Werk. Diesmal stoßen die Forscher bis zu einer Tiefe von 15 m vor. Hier befindet sich ein Absatz, von dem aus die Treppe im rechten Winkel nach Norden weiterführt, bald darauf nach Osten abbiegt und weiter in die Tiefe führt. In der dritten Grabungssaison werden weitere 13 Stufen freigelegt, aber erst ein weiteres Jahr später – 1952 – weiß sich Ruz nicht mehr weit von seinem Ziel entfernt. Mittlerweile befinden sie sich auf einem Niveau unterhalb des Pyramidensockels. Ruz stößt auf eine erste, roh gearbeitete Mauer und durchbricht sie. 2 m weiter befindet sich eine zweite, sorgfältiger ausgeführte Mauer. Zwischen beiden steht ein Kasten, in dem Gegenstände aus Keramik, Muscheln und *Zinnober* aufgeschichtet sind. Offensichtlich handelt es sich dabei um Opfergaben.

Jahr für Jahr, Stufe für Stufe nähert sich Ruz einer sensationellen Entdeckung.

Hinter der zweiten Mauer findet Ruz eine 4 m dicke, sehr feste Aufschüttung von Steinen und Kalk. Nachdem diese durchbrochen ist, stoßen die Ausgräber erneut auf einen Absatz, auf dem sich wiederum ein Kasten befindet.

Alle hier abgebildeten Jadearbeiten stammen aus der Krypta in Palenque und befanden sich im Anthropologischen Nationalmuseum von Mexiko-Stadt, bis sie dort im Dezember 1985 nebst über 100 anderen unersetzlichen Exponaten entwendet wurden. Die prachtvolle Jademaske (oben) bedeckte das Gesicht des in Palenque bestatteten Priesterkönigs Pacal. Jade war der kostbarste Werkstoff im alten Mexiko und bei den Maya das Symbol für das Leben und die Unsterblichkeit. Metalle wie Gold waren im klassischen Mexiko noch unbekannt. Die Anfertigung von Jadeobjekten und die Bearbeitung des harten Steins setzt eine hohe Kunstfertigkeit

Dieses Mal enthält er die Überreste von sechs geopferten Menschen.

Das Ende des Ganges wird von einer großen, dreieckigen Platte versperrt. Mit einem Stemmeisen durchstößt ein Arbeiter einen kleinen Spalt, der lediglich mit Kalk und Kieseln gefüllt war. Ruz kniet nieder und versucht mit Hilfe einer elektrischen Lampe durch die Öffnung zu schauen. Um ihn herum wird es still. Endlich erhebt er sich und beschreibt mit bewegten Worten, was er sah: Soweit im fahlen Licht der Lampe erkennbar, verschließt die Platte den Zugang zu einer großen, gewölbten Halle, deren Wände mit Stuckreliefs geschmückt sind. In ihrem Mittelpunkt befindet sich ein riesiger, skulptierter Block, der nahezu den ganzen Raum ausfüllt.

Schnell begibt man sich daran, auch das letzte Hindernis zu beseitigen. Als Ruz das Gewölbe zum ersten Mal betritt, erkennt er, daß der mit skulptierten Figuren geschmückte Block von einer 3,80 m x 2,20 m großen, vollständig mit einem Flachrelief verzierten Steinplatte bedeckt ist. Der Rand der Platte trägt eine Inschrift, an verschiedenen Stellen sind Opfergaben abgelegt.

Unter der Platte liegt ein großer, steinerner Sarkophag, der zusätzlich mit einem abnehmbaren Deckel verschlossen ist. In dem Sarkophag befinden sich die Überreste eines Mannes, dessen Gesicht von einer prachtvollen Totenmaske bedeckt ist. Das Skelett selbst ist über und über mit Schmuck bedeckt – Armreife, Lippenpflöcke, Ringe, alles aus reiner *Jade*, dem kostbarsten und am höchsten geschätzten Material der Maya.

Bisher hatte man angenommen, daß die Pyramiden der Maya – im Gegensatz zu denen der Alten Ägypter – nicht als Grabstätte dienten. Ruz selber sträubt sich dagegen, die Konsequenzen aus seiner Entdeckung zu ziehen, und betrachtet Palenque lediglich als Ausnahme. Die spätere Forschung soll ihm recht geben. Das Grab in Palenque und ein weiteres Priestergrab in Tikal stellen bis heute eine Ausnahme dar.

voraus, da den Maya auch hierfür nur Steinwerkzeuge zur Verfügung standen.

Der Sonnengott der Maya (links) mit dem für ihn typischen Kinnbart. Schielen (unten) entspricht dem Schönheitsideal der Maya. Diego de Landa berichtet, daß Maya-Mütter ihre Kinder mit Hilfe einer an den Haaren befestigten Quaste zum Schielen bringen.

Nach Bonampak nun das Grab von Palenque: mehr und mehr Licht fällt auf die bislang im Dunkel liegende Geschichte der Maya.

Die Glyphe „Zahnschmerzen" (links), die ihren Namen der um den Kopf gewickelten Binde verdankt, steht für die Thronbesteigung eines neuen Herrschers.

Parallel zu den großen Entdeckungen werden auch bei der Entzifferung der Glyphen große Fortschritte erzielt. Der Deutschmexikaner Heinrich Berlin weist darauf hin, daß eine bestimmte Sorte von Hieroglyphen anscheinend stellvertretend für einen Ort steht. Er bezeichnet diese als Emblemhieroglyphen.

Nur zwei Jahre später, 1930, kann die amerikanische Archäologin Tatiana Proskouriakoff am Beispiel der Inschriften von Piedras Negras in Guatemala nachweisen, daß die Anordnung der Daten auf den Stelen bestimmten Perioden im Leben eines Menschen entsprechen.

Man erkennt die Namen von Herrschern und deren Frauen, andere Glyphen symbolisieren Ereignisse wie die Thronbesteigung, den Tod oder die Geburt eines Herrschers. Nun besteht kein Zweifel mehr an dem historischen Charakter der Inschriften und Reliefskulpturen, und die Errichtung der Stelen kann nicht mehr auf einen Kalenderkult zurückgeführt werden. Sie künden vielmehr von den Taten und vom Leben der herrschenden Elite und nicht etwa von unpersönlichen Mythen oder religiösen Erzählungen. Der erste große Durchbruch zum Verständnis der Glyphen ist gelungen, Form und Inhalt der Maya-Schrift gewinnen allmählich klare Konturen. Mit der wachsenden Entzifferung der Hieroglyphen erzielt man auch Fortschritte in der Interpretation der mit dem Text assoziierten Bilder. Die Forscher erkennen die zentrale Rolle des Herrschers in der Kosmologie und im heiligen Ritual der Maya.

Der Herrscher fungiert als Mittler zwischen seinem Volk und den Göttern. Kein Feldzug und keine Ernte, ohne daß der König zuvor durch die Opferung des eigenen Blutes die Gunst der Götter für einen glücklichen Ausgang beschworen hätte. Hinweise auf die sogenannte Selbstkasteiung, die aus schmerzhaften Aderlässen, Verstümmelung und Martern besteht, finden sich zahlreichen Abbildungen – und in den Gräbern der Herrscher selbst. Die unzähligen Dornen und Spieße, die in den

Überreste der Toten stecken, lassen darauf schließen, daß zumindest einige der Könige nicht eines natürlichen Todes starben.

Neuere Erkenntnisse belegen, daß politische Macht und die verwandtschaftlichen Verhältnisse innerhalb der einzelnen Dynastien ein wichtiges Thema für die herrschende Elite waren. Große Teile der Inschriften künden von Beziehungen zwischen den regierenden Familien. Heiraten zwischen Mitgliedern des Adels unterschiedlicher politischer Einheiten spielten eine wichtige Rolle in diplomatischen Angelegenheiten und zur Sicherung von Bündnissen. Immer mehr kristallisiert sich heraus, daß es nie ein großes, zusammenhängendes Maya-Reich gegeben hat. Vielmehr existierten offenbar bereits in klassischer Zeit über 40 voneinander unabhängige Stadtstaaten, von denen jeder einzelne einen durchaus individuellen Charakter aufwies. Diese „Emblem-Orte" existierten nicht etwa friedlich nebeneinander, sondern zerfleischten sich gegenseitig in blutigen Fehden und politischen Machtkämpfen. Das Ringen der einzelnen Dynastien um Ansehen und Macht dürfte die Energie und die Finanzreserven der betroffenen Gemeinschaften erheblich überfordert haben. Immer größer wurden die Tempel, immer prächtiger die Paläste. Jeder Herrscher war darauf bedacht, im Lauf seiner Regierungszeit Monumente errichten zu lassen, die die seines Vorgängers noch übertreffen sollten. Es war die Blütezeit der Astronomen, Schriftgelehrten und Mathematiker.

Aber wo blieb das Volk, die breite Masse, die Tausende von Arbeitern, die die Monumente errichteten? Forschungen, die in jüngster Zeit in der Umgebung der Zeremonialzentren durchgeführt wurden, erbrachten lediglich eine große Zahl bescheidener Hütten, die weit um den Kern der

Einen wertvollen Schlüssel zum Verständnis der untergegangenen Maya-Kultur bilden die vielen guterhaltenen, farbig bemalten Trinkgefäße und Schalen aus der klassischen Zeit. Neben alltäglichen Szenen wie dem Leben am Hofe sind auch mythische Episoden dargestellt.

Tempelbezirke herum verstreut liegen. Keine Straßen verbanden die einzelnen Weiler und Gehöfte, ein städtischer Charakter kann den Siedlungen nur insofern zugesprochen werden, als ein großer Teil der Bevölkerung anderen Tätigkeiten als der Landwirtschaft nachging.

Es sieht so aus, als ob sich die geistige Elite der Maya mit profanen Dingen wie der Weiterentwicklung der Landwirtschaft überhaupt nicht erst abgegeben hat.

Ist hierin vielleicht ein Grund dafür zu suchen, daß die einst blühenden Staatswesen von der Bevölkerung verlassen und dem Verfall preisgegeben wurden? Kam es zu einer Revolte, erhoben sich die Bauern gegen ihre Unterdrücker? In einem Zentrum nach dem anderen wurde die Bautätigkeit eingestellt, das letzte Monument in Copán wurde im Jahr 800 n.Chr. errichtet, der Bereich um Yaxchilan-Bonampak dürfte bis 810 aktiv gewesen sein.

Die schrittweise Aufgabe des Gebietes steht in Einklang mit der Theorie, daß es keine Zentralautorität gab. Aus einer Stadt nach der anderen könnte so die herrschende Schicht vertrieben worden sein, und mit ihr ging natürlich auch das Wissen um Kalender und Schrift verloren. Der Grundbau der Maya-Gesellschaft existierte noch, lediglich das Dach des Hauses fehlte. Hierfür spricht auch die Tatsache, daß noch im 16. Jahrhundert im Zentralgebiet der klassischen Kultur eine nicht unbeträchtliche Zahl von Menschen lebte.

DIE GESELLSCHAFTLICHEN KLASSEN DER MAYA 127

Die Städte sind also keineswegs von heute auf morgen verlassen worden, und es ist ebensowenig zutreffend, daß die gesamte Bevölkerung in den unwirtlicheren Norden Yucatáns zog, ihre Kultur dorthin mitnahm und zu neuer Blüte entwickelte.

Viele Theorien (Erdbeben, Naturkatastrophen, Seuchen) sind herangezogen worden, um das Aufgeben der klassischen Zentren zu erklären. Die meisten haben sich jedoch als unhaltbar erwiesen und sind durch die Fortschritte der Forschung widerlegt worden. Es bleibt aber festzuhalten, daß die wahren Gründe für den abrupten Bruch in der Geschichte der Maya wohl niemals werden aufgeklärt werden können.

Bei der Ankunft der europäischen Eroberer waren die klassischen Zentren der Maya bereits in Vergessenheit geraten und vom Dschungel überwuchert. Der noch blühenden nachklassischen Kultur versetzten die Conquistadores den vernichtenden Schlag. Die Gleichgültigkeit und Ignoranz der Alten Welt hätte fast dazu geführt, daß die Kultur der Maya damit endgültig dazu verurteilt war, dem Gedächtnis der Menschheit zu entschwinden.

Diese Pyramide der gesellschaftlichen Klassen wurde von einem zeitgenössischen mexikanischen Künstler im Stil der Wandmalereien von Bonampak angefertigt, um die soziale Struktur der klassischen Maya-Gesellschaft zu verdeutlichen. An der Spitze steht der Herrscher oder Priesterkönig, gefolgt von den Angehörigen der Herrscherdynastie, dem Adel nebst Kriegern und der Priesterschaft. Den Mittelbau stellt die Schicht der Künstler, Handwerker und Kaufleute. Das breite Fundament der Gesellschaft schließlich bildet das „gemeine" Volk – Bauern, Arbeiter, Lastenträger, Fischer, Jäger und Sklaven.

ZEUGNISSE UND DOKUMENTE

Die Maya-Schrift und frühe Dokumente

Die Maya verfügten als einziges Volk in Altamerika über ein hochentwickeltes Schriftsystem. Erst in den letzten Jahren ist es geglückt, diese Schrift zu entziffern. Mit Hilfe der nun lesbaren Inschriften und frühen Dokumente aus der Kolonialzeit, die von den Indianern selbst nach mündlichen Überlieferungen niedergeschrieben wurden, ist es heute möglich, die Geschichte dieses Volkes weitgehend zu rekonstruieren und seine Hinterlassenschaft zu deuten.

Bereits sehr früh richtete sich das Augenmerk der Forscher auf die Tausende von in Stein gemeißelten, in Knochen, Holz und Muschelschalen geritzten und auf Keramik gemalten Inschriften. Generationen von Spezialisten versuchten sich an ihrer Entzifferung, doch scheiterten die meisten von ihnen bereits im Ansatz. Meldungen über geglückte Entzifferungsversuche geisterten in den letzten Jahrzehnten zwar immer wieder durch die Presse, doch stellten sie sich in der Regel als Falschmeldung heraus. Die Urheber sind bis heute den letzten Beweis für die Richtigkeit ihrer Theorien schuldig geblieben.

Zu den Pioniertaten der Entzifferung dürfen die Arbeiten von E. Förstemann, Paul Schellhaas, Heinrich Berliner und Tatiana Proskouriakoff gezählt werden, die bis zur Mitte unseres Jahrhunderts die Grundlagen für weitere Forschungsansätze erarbeiteten.

[Ihre Beiträge] schufen ein völlig neues Verständnis von Form und Inhalt der Maya-Schrift: Erstmals erkannte man, daß das Schriftsystem sowohl Logogramme als auch Zeichen für Silben der Struktur Konsonant-Vokal enthält; und man wußte nun auch, daß der Inhalt der Schriften sich in der Regel auf historische Ereignisse im Leben der herrschenden Elite bezieht und nicht auf unpersönliche Mythen oder religiöse Erzählungen. Die Folgen dieser Umwälzung beschäftigen die Maya-Forschung noch immer. (...)

Somit läßt sich nun ein vorläufiger Überblick über das System und die Inhalte der Schrift geben. Die Grundelemente der Maya-Schrift sind Zeichen, von denen etwa 800 bekannt sind. Das Zeichen hat normalerweise ein quadratisches oder länglich-ovales Format; ein einzelnes oder mehrere Zeichen bilden einen sogenannten Glyphenblock. Bei den meisten Inschriften sind viele solcher Blöcke in einer rechteckigen Matrix angeordnet. Innerhalb der Matrix sind die Glyphenblöcke in Zeilen und Spalten angeordnet, deren Lesefolge bestimmten Regeln gehorcht.

Die Zeichen sind bildhaft und stellen oft sehr detailgetreu Tiere, Menschen, Körperteile und Gegenstände des täglichen Lebens dar. Am ausgeprägtesten ist die Bildhaftigkeit bei den Inschriften aus Vollfigur-Hieroglyphen; sie geben einzelne Zeichen und Zahlen wie lebendige Wesen wieder, die miteinander in Wechselwirkung stehen. Dies bedeutet aber keineswegs, daß die Maya sich einer einfachen Bilderschrift bedient hätten. Ganz im Gegenteil: Die Kombination von Konsonant-Vokal-Silben und Logogrammen ermöglichte es den Schreibern, die Wörter ihres Textes im Detail wiederzugeben.

Die Inschrift auf Stele 2 von Aguateca in Guatemala weist möglicherweise darauf hin, daß einer der abgebildeten Fürsten – „Jaguar-Pfote" von Seibal – die seiner Opferung angemessene zeremonielle Kleidung trägt. Die stehende Person ist der Herrscher des benachbarten Ortes Dos Pilas; der Gefangene, „Jaguar-Pfote", kauert unter seinen Füßen. Die politische Einheit, deren Zentrum Dos Pilas war, dehnte sich gegen Ende des 7. Jahrhunderts und zu Beginn des 8. Jahrhunderts rasch aus, bis sie Aguateca und andere Maya-Städte umfaßte. Wie solche Texte belegen, führten die Maya Eroberungskriege, die rasche Gebietserweiterungen zur Folge hatten; die Feldzüge hatten aber häufig auch rituellen Charakter.

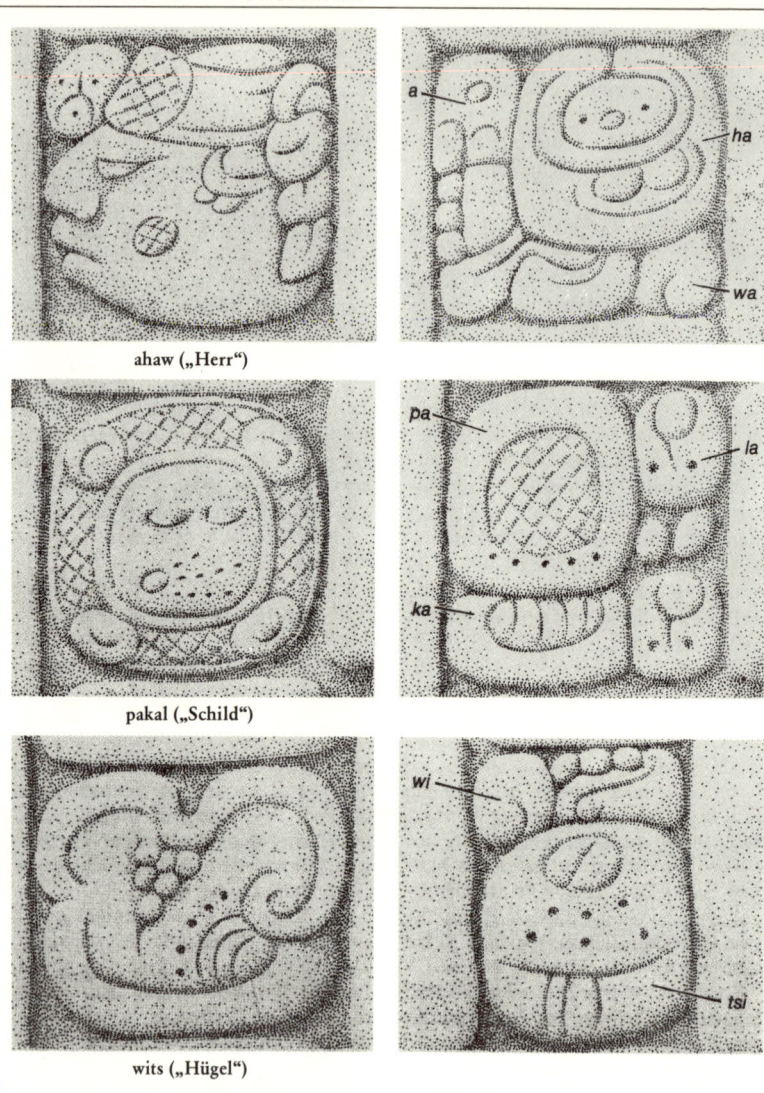

ahaw („Herr")

pakal („Schild")

wits („Hügel")

Die Wahl zwischen Logogrammen und Silbenzeichen gab dem Maya-Schreiber zusätzliche Variationsmöglichkeiten beim Gestalten der Texte. Ein Logogramm ist ein Zeichen für ein ganzes Wort. Hier sind die logographische und die Silben-Schreibweise jeweils für die Maya-Wörter *ahaw* („Fürst"), *pakal* („Schild") und *wits* („Hügel") gegenübergestellt.

Diese Flexibilität hängt damit zusammen, daß zwei Typen von Zeichen zur Auswahl stehen. So tritt in Maya-Texten zum Beispiel ein bestimmter Ehrentitel sehr häufig auf, der *ahaw* lautet und „Herr" oder „Adliger" bedeutet. *Ahaw* kann nun einerseits logographisch geschrieben werden: als ein im Profil dargestellter Kopf mit dem für die oberste Adelsschicht der Maya typischen Stirnband. Andererseits läßt das Wort sich durch die Kombination von drei phonetischen Silbenzeichen schreiben: *a-ha-wa*. Ebenso kann das Wort *pakal* („Schild") durch die Darstellung eines Schildes oder durch die Kombination der Silbenelemete *pa-ka-la* wiedergegeben werden.

(...) Der erste Durchbruch zum Verständnis des Maya-Schriftsystems gelang just einem jungen Forscher, der sich auf Landas Arbeit stützte und sie durchaus ernst nahm. Jurij Knorosow von der Akademie der Wissenschaften der UdSSR in Leningrad teilte zwar die Auffassung, daß Landas Liste kein Alphabet darstellte; er verwarf sie aber nicht gänzlich. Vielmehr schloß Knorosow, Landa sei beim Aufstellen seiner Liste einem interkulturellen Mißverständnis erlegen: Wenn Landa seinen indianischen Informanten zum Beispiel bat, den Buchstaben *B* (im Spanischen *be* gesprochen) zu schreiben, dann hatte dieser das Maya-Zeichen für die Silbe *be* aufgezeichnet.

Landas vermeintliches Alphabet war Knorosow zufolge in Wirklichkeit eine Silbenliste. Jedes Zeichen der Liste steht demnach für eine bestimmte Kombination aus einem Konsonanten und einem Vokal. Wenn die Zeichen zusammengefügt werden, drücken sie phonetisch Wörter aus.

Die Wörter der Maya-Sprache sind jedoch häufig von der Form Konsonant-Vokal-Konsonant. Da somit nur wenige Wörter auf Vokale enden, ließ man den Endvokal beim Aussprechen einfach weg. Wenn das Wort aber geschrieben wurde, dann folgte der Schreiber nach Knorosows Theorie dem Prinzip der sogenannten Vokalharmonie: Er wählte eine Endsilbe, die den gleichen Vokal hatte wie die erste Silbe des Wortes.

Knorosow überprüfte seine Theorie anhand der Codices. Er begann mit einem Wort, von dem man aufgrund anderer Hinweise annahm, daß es „Truthahn" bedeute. Im yukatekischen Maya – einer modernen Maya-Sprache, die der Sprache der alten Inschriften am nächsten verwandt ist – heißt das Wort für Truthahn *kutz*. Knorosow begann mit der Glyphe, die Landa für den Buchstaben *K* gehalten hatte, und interpretierte sie als die Silbe *ku*. Das zweite Zeichen der beiden Glyphen für „Truthahn" stand nach dem Prinzip der Vokalharmonie wahrscheinlich für die Silbe *tzu*. Dann untersuchte er die beiden Glyphen in den Codices, die vermutlich „Hund" hießen. Die erste Glyphe war das hypothetische *tzu*. Die zweite war in Landas Liste der Buchstabe *L* und wurde nun als die Silbe *lu* interpretiert. *Tzul* (oder *tzul[u]*, wie die Alten Maya es buchstabiert hätten) ist nun aber gerade ein yukatekisches Wort für Hund.

Knorosows Arbeit stellte einen bedeutenden Durchbruch dar, und seine Grundannahmen – Konsonant-Vokal-Silben und Vokalharmonie –

gelten heute als richtig. Aus verschiedenen Gründen hat es jedoch viele Jahre gedauert, bis seine in den fünfziger Jahren geleistete Arbeit im Westen anerkannt wurde.

Im Laufe der letzten 30 Jahre hat sich das Wissen über die Strukturen und den Inhalt der Maya-Schrift rapide vermehrt, und ein beträchtlicher Teil der Inschriften darf so heute als entziffert angesehen werden.

Die neuen Ergebnisse bestätigen unter anderem, daß Riten des persönlichen Blutopfers, die der Adel praktizierte, in der Maya-Gesellschaft eine wichtige Rolle spielten. Weniger dramatisch, aber wohl wichtiger ist, was uns die Inschriften über Politik und Geographie mitteilen. Die meisten Inschriften sind im wesentlichen Chroniken einzelner Herrscher, die Geburt, Thronbesteigung, Rituale, Eroberungszüge und Tod dokumentieren. Durch sorgfältiges Studium dieser Texte gewinnt die Fachwelt allmählich einen Einblick in die Unbeständigkeit der politischen Verhältnisse: Wechselnde Bündnisse und Kriege zwischen den Stadtstaaten hatten rasche Veränderungen der politischen Landschaft zur Folge.

(...) Beim Interpretieren der Inschriften darf man nicht vergessen, daß sie ausschließlich von der Spitze der sozialen Pyramide handeln. Die Inschriften wurden von der herrschenden Elite in Auftrag gegeben und enthalten nur Informationen, die den Herrschern wichtig schienen. Natürlich sind auch derartige Informationen höchst aufschlußreich, sofern man ihre Einseitigkeit nicht vergißt. Über die große Mehrheit der Bevölkerung – die Bauern, die Handwerker, die Händler – schweigen die schriftlichen Dokumente der Maya sich aus.

Die wichtigsten Anliegen der herrschenden Elite waren verwandtschaftliche Beziehungen und politische Macht. Deutliche Hinweise darauf hat die Forschung schon sehr früh gefunden. Berlin und Proskouriakoff entdeckten die Namen der Herrscher und ihrer Frauen an Orten wie Palenque, Piedras Negras und Yaxchilán und stellten danach Königslisten auf.

Die spätere Forschung hat zudem verwandtschaftliche Beziehungen zwischen den in den Inschriften genannten Personen geklärt. So stellte man fest, daß während der klassischen Periode die Herrschaft vom Vater auf den Sohn übertragen wurde, ähnlich wie bei europäischen Königshäusern.

In den Inschriften nehmen die Beziehungen zwischen den Vätern und Söhnen der herrschenden Familien sowie andere Verwandtschaften viel Raum ein. Also war vermutlich die Verwandtschaft für die Herrscher der Maya ein besonders wichtiges Thema. Die politische Organisation der Maya-Gesellschaft beruhte offenbar auf familiären Verbindungen. Heiraten zwischen herrschenden Dynastien verschiedener politischer Einheiten spielten eine wichtige Rolle in der Diplomatie und für das Schmieden von Bündnissen. Innerhalb der einzelnen Gemeinwesen oder Stadtstaaten erfüllten die nicht in der direkten Thronfolge stehenden Mitglieder der königlichen Familie manchmal Verwaltungsaufgaben.

Andere Mitglieder des Adels wurden Kunsthandwerker; dies bezeugt ein Keramikgefäß aus der Gegend um Naranjo in Nord-Guatemala. Dieses Gefäß ist leider durch eine Raubgrabung zum Vorschein gekommen – wodurch die einheimische Bevölkerung um ihr Erbe und die Archäologie um entscheidende Informationen über den Ursprung des Artefakts gebracht wird. Die Keramik ist mit dem Zusatz „der Sohn des *ahaw* von Naranjo und der Herrin von Yaxha" signiert.

Viele Künstler hinterließen ihre Unterschrift auf Tongefäßen und Steinmonumenten. Oft erscheinen auf einer einzelnen Skulptur auch mehrere Künstlernamen; dies zeigt, daß große Werke Zusammenarbeit erforderten und wie sehr die Arbeit berühmter Künstler geschätzt wurde.

Die meisten Maya-Texte beschreiben nur die wichtigsten Episoden im Leben der Herrscher, und zwar solche, die unmittelbar mit ihrem Status als Herrscher zusammenhängen – wie eben Geburt, Thronbesteigung, Tod und Begräbnis. Aus diesen Informationen einen Eindruck von der Maya-Gesellschaft gewinnen zu wollen gliche dem Versuch, die englische Gesellschaft des 19. Jahrhunderts anhand einer Analyse der Grabsteine in der Westminster-Abtei zu rekonstruieren.

Andere Inschriften sind etwas ergiebiger und geben Hinweise auf rituelle Bräuche der Elite – zum Beispiel auf das Ballspiel; es wurde von allen Völkern Mittelamerikas gespielt und stellt die Forschung noch immer vor Rätsel. Es gibt Darstellungen von reich gekleideten Ballspielern in Aktion, gleichsam in Stein gemeißelte Schnappschüsse, die von faszinierenden Texten begleitet sind. Meist erkennt man zwei Männer, die im Wettkampf einen großen Vollgummiball hin und her stoßen. Leider sagen die begleitenden Texte nichts über die Spielregeln aus. Immerhin teilen sie uns aber mit, daß die Herrscher sich selbst manchmal beteiligten: Oft wird der Herrscher *ah pits*, das heißt „Ballspieler", genannt.

Die Aufzeichnungen aus Dos Pilas zeigen, daß die Maya politische Kriege führten. Doch wie man aus den Inschriften anderer Gebiete schließt, war nicht immer Eroberung das unmittelbare Ziel von Feldzügen; sie hatten auch rituellen Charakter. Die Frage, wie ernsthaft die Maya dabei auf Gebietserweiterung aus waren, wird vermutlich noch länger ungeklärt bleiben. Allerdings hat man kürzlich präzise Ortsbezeichnungen entdeckt und beginnt damit besser die Territorialpolitik zu verstehen.

Die wohl größte Zahl von detaillierten Ortsbezeichnungen findet man in der Stadt Tikal im heutigen Guatemala. Obwohl noch nicht alle Namen übersetzt sind, beziehen sich wahrscheinlich die meisten auf bestimmte Gebäude oder Gebäudekomplexe.

Die Wahl der Namen gibt einen gewissen Eindruck, wie die Maya ihre Bauten wahrnehmen. Zum Beispiel tragen einige Gräberpyramiden Bezeichnungen, die das Wort *wits* („Hügel") enthalten; offenbar betrachteten die Maya sie als künstliche Berge. Die mit Inschriften versehenen steinernen Stelen, denen man in Maya-Städten überall begegnet, heißen oft „Pflanzen-Steine" oder „Baum-Steine". Demnach empfanden die Maya, wenn man sie beim Wort nimmt, ihre Städte als Landschaften aus Bergen und Bäumen.

Diese Kanufahrt von Gottheiten und Tieren, graviert auf einem Knochen, der in Tikal gefunden wurde, ist wahrscheinlich die Illustration eines Mythos, der uns nicht überliefert ist.

Bei allem Fortschritt darf jedoch nicht vergessen werden, daß noch lange nicht die Bedeutung aller Glyphen bekannt ist. Der Sinn einer Reihe von Schriftzeichen bleibt wahrscheinlich für immer verloren. So gibt es eine Eigenart der Maya-Schrift, die jeden weiteren Fortschritt in der Entzifferung hemmt.

Verschiedene Zeichen können denselben Wert haben. Zwei Zeichen mit gleichem Wert – sogenannte Allographen – sind in Maya-Texten häufig; um die phonetische Interpretation einer bestimmten Silbe herauszufinden, ist es darum sehr hilfreich, möglichst viele ihrer Schreibvarianten zu identifizieren. Allographen lassen sich aber nur durch umfangreiche und zeitaufwendige Textvergleiche erkennen.

Es gibt aber nicht nur für phonetische Silben Allographen, sondern auch für ganze Wörter. Durch Auswechseln von Logogrammen läßt sich ein und dasselbe Wort durch mehrere Zeichen darstellen. So kann das Maya-Wort *kan* (oder *kaan*) „Schlange", „Himmel" oder „vier" bedeuten – ähnlich wie das deutsche Wort „Bank" sich auf eine Sitzgelegenheit oder auf ein Geldinstitut beziehen kann. Der Gleichklang dieser Wörter bot den Schreibern die Gelegenheit zu Wortspielen. In der Tat wirkt der Austausch eines Zeichens gegen ein anderes manchmal geradezu verspielt – wenn zum Beispiel das Zeichen für „Himmel" in einem Kontext auftritt, in dem „vier" gemeint ist.

Solche Äquivalenzen sind schwer zu erkennen, sind aber typisch für die Schwierigkeit von Maya-Texten. Trotz dieser Probleme ist man in den letzten Jahren mit dem Entziffern so rasch vorangekommen, daß das wissenschaftliche Publizieren der neu übersetzten Inschriften oft kaum Schritt zu halten vermochte.

D. Stuart und S. Houston:
„Die Maya-Schrift"

Eine weitere sehr wichtige Quelle zur Rekonstruktion der Maya-Geschichte stellt eine Reihe von Dokumenten dar, die von den Maya selbst, allerdings in einer neuen Schrifttradition, verfaßt wurden.

[Nach der Conquista schufen die spanischen Missionare eine] lateinschriftliche Orthographie für die Maya-Sprache und unterwiesen die Kinder des einheimischen Adels in diesem Schriftsystem. Schon von der Mitte des 16. Jahrhunderts an, in den späteren Jahrhunderten nachlassend, aber in einigen Regionen der Halbinsel bis zum heutigen Tage anhaltend, haben Maya in ihrer eigenen Sprache jedoch mit lateinischem Alphabet Dokumente verfaßt, [die für das Verständnis der geistigen Welt der Maya von größter Wichtigkeit sind.]

C. Raetsch: *„Chactun"*

Den Hauptteil der erhaltenen Dokumente dieser Quellengruppe machen die Bücher des Chilam Balam aus.

Mit diesem Sammelnamen werden eine Reihe von Chroniken, Wahrsagungen und Prophezeiungen bezeichnet, die in lateinischer Schrift, aber altertümlicher yukatekischer Sprache abgefaßt sind. Die einzelnen Dokumente dieser Gruppe werden dadurch voneinander unterschieden, daß der Bezeichnung Chilam Balam jeweils der Ort seiner ehemaligen Aufbewahrung hinzugefügt wird. So kennen wir zum Beispiel ein Chilam Balam von Chumayel und ein Chilam Balam von Tizimin. Zum Teil handelt es sich wahrscheinlich um Abschriften von vorspanischen Hieroglyphenfaltbüchern, zum Teil sind sie wohl erst in spanischer Zeit nach mündlichen Überlieferungen niedergeschrieben worden. Viele Maya-Dörfer besaßen derartige Chilam-Balam-Bücher. Sie wurden als wertvoller Besitz gehütet, und bei wichtigen Festen pflegte man aus ihnen vorzulesen. Noch 1930 war in dieser Weise ein Chilam Balam im Dorf Tusik in Quintana Roo in Gebrauch. Durch die ständige Benutzung wurden diese Schriften, wiewohl sorgsam gehütet, allmählich abgenutzt. Dann wurden Abschriften angefertigt, wobei das Manuskript gelegentlich neu redigiert und chronologisch auf den neuesten Stand gebracht wurde. Die ältesten bekannten oder erhaltenen Fassungen stammen aus dem 17. und 18. Jahrhundert. Da die Abschreiber offenbar den Sinn der Texte und kalendarischen Daten nicht mehr voll verstanden, scheinen beim Abschreiben viele grobe Fehler vorgekommen zu sein. Auch die Abfolge der Abschnitte wurde offensichtlich immer wieder geändert. Zu diesen formalen Schwierigkeiten bei der Beschäftigung mit den Chilam-Balam-Büchern kommt ein schon zur Zeit der Abfassung der Originale wirkendes inhaltliches Moment, welches die Wiedergabe der Wirklichkeit durch die Maya beeinflußte. Es ist das zyklische Geschichtsbild, das unter anderem die Ansicht beinhaltet, daß sich gleiche oder ähnliche Ereignisse alle 256 Jahre entsprechend der Wiederkehr gleich benannter Perioden wiederholen. Diese Geschichtsideologie mag nun dazu geführt haben, daß Zeitab-

Kan-Xul, König von Palenque (8. Jahrhundert).

stände in den Berichten entsprechend verkürzt oder verlängert wurden und daß verschiedene Ereignisse auf Gleichheit oder wenigstens Ähnlichkeit hinstilisiert wurden, um dem zyklischen Bild von der Geschichte eine scheinbare Fundierung und Bestätigung in der Realität zu verleihen. Ein weiterer Faktor, der uns die Rekonstruktion der Wirklichkeit mittels der Berichte in den Chilam-Balam-Büchern erschwert, ist die enge Verknüpfung von Prophezeiung und historischem Bericht. Für den Maya-Priester waren beides nur Aspekte des immerwährend sich wiederholenden Geschichtskreislaufes. Der Wert der Chilam-Balam-Bücher wurde von der Forschung auch gern deswegen überschätzt, weil man sich lange Zeit nicht klargemacht hatte, daß alle derartigen Chroniken auf einige wenige Quellen, vermutlich des 16. Jahrhunderts, zurückgehen und somit quellengenetisch eng zusammenhängen.

M. Münzel: *„Die Indianer"*

Kalendersystem und Wissenschaft

Die überragenden wissenschaftlichen Leistungen der Maya nötigen selbst uns, die wir in einer Zeit leben, in der nichts mehr unmachbar scheint, größten Respekt ab. Neben der Entwicklung der auf dem gesamten amerikanischen Kontinent einzigartigen Schrift, sind es vor allem die mathematischen und astronomischen Kenntnisse der Maya-Priester, deren Erforschung Generationen von Wissenschaftlern in Atem hielten.

Eine der großartigsten Leistungen der Maya-Mathematiker war die Erfindung der Zahl Null, die bereits in klassischer Zeit in Gebrauch war. Das bedeutet eine geniale Abstraktionsleistung, bedenkt man, daß in Europa das Zahlzeichen Null erst sehr viel später, im 12. Jahrhundert, zusammen mit der Algebra der Araber eingeführt wurde. Diese hatten den Gebrauch der „Null" wiederum aus Indien übernommen, wo sie vermutlich bereits um 400 n. Chr. bekannt war.

Die Maya rechneten mit Hilfe des Vigesimalsystems, das heißt, die nächsthöhere Stelle beginnt erst nach Vollendung der „20". Die Reihenfolge der Stellen im Vigesimalsystem ist demnach nicht 1 – 10 – 100 – 1000 etc., sondern vielmehr 1 – 20 – 400 – 8000 etc.

 Null

Gebrauch des Zeichens für 0

20   40

Zahlen wurden durch einfache Punkte und Striche oder durch komplexe Glyphen dargestellt. Im einfachsten Fall steht ein Punkt für eine Eins, ein waagerechter Balken für eine Fünf. Größere Zahlen wurden geschrieben, indem die Punkt- oder Strichsymbole übereinander angeordnet wurden, wobei die niedrigste Stelle

unten steht. Die Schreibweise für die
Zahl 2125 ist also:

400. ⟬⟭   2125 : 400 = 5 R. 125

20. 𓃀   125 : 20 = 6 R. 5

1. ⟬⟭   5 : 1 = 5

2125

Um eine Angleichung an die
Länge des Sonnenjahres (365 Tage) zu
erreichen, änderte man zum Zwecke
der Zeitrechnung die Reihenfolge der
Stellenwerte geringfügig ab. Statt
der Folge 0 – 1 – 20 – 400 – 800 trat
anstelle der 400 die 360 (20 x 18).
Die nächsthöhere Stelle folgt wieder
dem Vigesimalsystem und lautet
360 x 20 = 7200.

Die Schreibweise der Jahreszahl
1989 ist demnach wie folgt:

360. ⟬⟭   1989 : 360 = 5 R. 189

20. 𓃀   189 : 20 = 9 R. 9

1. 𓃀   9 : 1 = 9

1989

Astronomische Berechnungen
und die Zeitrechnung waren wesentliche Elemente der Maya-Wissenschaft. In den Observatorien, wie in
Chichén Itzá, berechneten die Priester
den Umlauf der Gestirne, um so auch
den günstigsten Zeitpunkt für den
Beginn der Saatzeit zu ermitteln. Viele
Gebäude der Maya sind nach astronomischen Gesichtspunkten angelegt,
die von den Maya berechnete Länge
des Sonnenjahres stimmt bis auf
die dritte Stelle hinter dem Komma
mit der von Computern errechneten
überein.

> Vergleich der Kalendergenauigkeit:
> Astronomische Jahreslänge:
> 365,2422 Tage
> Julianischer Kalender:
> 365,2500 Tage
> Gregorianischer Kalender:
> 365,2425 Tage
> Maya-Kalender: 365,2420 Tage

Gleichfalls war den Maya-Astronomen die Identität von Morgenstern
und Abendstern bekannt (Venus),
Sonnenfinsternisse wurden vorausberechnet, die Umlaufzeit der Venus
bis auf die Stunde genau ermittelt.

Der Kalender war bei vielen Völkern des Alten Mexiko von zentraler
Bedeutung für das alltägliche Leben.
Spezialisierte Priester waren ausschließlich damit beschäftigt, die jeweiligen
Tageskonstellationen zu deuten.

Kalendarische Angaben finden
sich an nahezu allen wichtigen
Gebäuden, ja man kann sogar soweit
gehen zu sagen, daß jedes Gebäude
der Maya ein steingewordener Kalender ist. Keine Anordnung ist zufällig,
die Zahl der Stufen einer Treppe ist
genauso von Bedeutung wie die Häufigkeit, in der bestimmte Ornamente
wiederholt werden.

Generationen von Wissenschaftlern arbeiteten an der Aufklärung
dieses in seiner Komplexität auf der
Welt beispiellosen Kalenders.

Vereinfacht dargestellt besteht
der eigentliche Kalender aus zwei
ineinander verzahnten Zyklen. Auch
bei den anderen mexikanischen Völkern war diese sogenannte Kalenderrunde in Gebrauch. Hierbei handelt
es sich um einen 260 Tage und um
einen 365 Tage Zyklus, die wie zwei

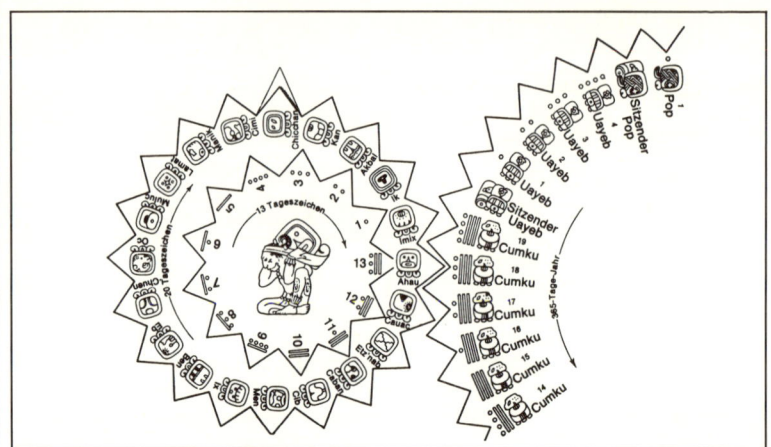

Schematische Darstellung der Kalenderzyklen der Maya. Der 260-Tage-Zyklus ist links als kleines Rad dargestellt. 20 Tagesglyphen (außen) werden mit den Zahlen 1 – 13 kombiniert, das rechte Rad symbolisiert den 365-Tage-Zyklus mit 18 Monaten zu je 20 Tagen und den 5 eingefügten Unglückstagen.

Tageszeichen:

1 imix	1 ix
2 ixc	2 men
3 akbal	3 cib
4 kan	4 caban
5 chicchan	5 eznab
6 cimi	6 canac
7 manik	7 ahau
8 lamat	8 imix
9 muluc	9 ixc
10 oc	10 akbal
11 chuen	11 kan
12 eb	12 chiccan
13 ben	13 cimi

1 manik
2 lamat
3 muluc etc.

Zahnräder ineinandergriffen. Der 260-Tage-Zyklus (Tzolkin) war in erster Linie ein Ritualkalender. Die Funktionsweise ist verhältnismäßig einfach: 20 Tageszeichen wurden mit den Zahlen 1 – 13 gekoppelt. Nach Ablauf von 13 Tagen endete die erste Woche, der Zyklus beinhaltet demnach 20 Wochen (260 : 13 = 20).

Die Bedeutung der 20 Tageszeichen ist uns von Diego de Landa überliefert. Jeder Tag wurde von einer anderen Gottheit beherrscht, die sowohl glück- als auch unglückbringend sein konnte. Diese Tagesgötter beeinflußten nicht nur das Geschehen des jeweiligen Tages, sondern auch das Schicksal eines jeden an diesem Tag geborenen Kindes.

Der 365-Tage-Zyklus setzt sich aus 18 Monaten zu je 20 Tagen zusammen. Dividiert man 365 durch 20 stellt man fest, daß ein Rest von 5 Tagen überbleibt. Diese 5 Tage wurden in einem Kurzmonat (Uayeb) zusammengefaßt und als unglückbringend angesehen. An diesen Tagen ruhte das öffentliche Leben, alle an diesem Tag begonnenen oder durchgeführten Unternehmungen waren vom Unglück verfolgt und von vorneherein zum Scheitern verurteilt.

Da jeder Zyklus für sich alleine genommen ungeeignet ist, Daten so anzugeben, daß eine Verwechslung der Tage im Laufe mehrerer Jahre ausgeschlossen ist, wurden beide Zyklen zur Kalenderrunde kombiniert. Jeder Tag des 260-Tage-Zyklus' wurde so mit einem Tag des 365-Tage-Zyklus gekoppelt.

Eine Datumsangabe setzt sich demnach aus den folgenden vier Elementen zusammen:
1. einer Ziffer 1 – 13 (Woche des 260-Tage-Zyklus)
2. einer der 20 Tagesglyphen des 260-Tage-Zyklus
3. einer Ziffer 1 – 20 (Tage eines Monats des 365-Tage-Zyklus)
4. einer Monatsglyphe

Als Beispiel seien hier drei aufeinanderfolgende Tage des Monats Pop genannt:

4 kan   2 zotz

5 chiccan   3 tzec

6 cimi   4 xul

Der Durchlauf eines kompletten Zyklus dauert so 18 980 Tage = 52 Jahre

Die 19 Monate des Sonnenjahres:

1. pop   11. zac

2. uo   12. ceh

3. zip   13. mac

4. zotz   14. kankin

5. tzec   15. muan

6. xul   16. pax

7. yaxkin   17. kayab

8. mol   18. cumhu

9. chen   (19. uayeb)

10. yax

(= Zahl der möglichen Jahresanfänge [365 : 5] x der Zahl der Tage, an denen ein Jahr beginnen kann [20 : 4] x der Zahl der Tagesziffern, an denen ein Jahr beginnen kann [4 x 13], wobei zu beachten ist, daß sich der Jahresbeginn aufgrund des Unglücksmonats uayeb immer um fünf Stellen verschiebt).

Demnach wiederholt sich ein Tag gleicher Konstellation nur alle 52 Jahre, der Dauer eines mexikanischen „Jahrhunderts". Im Glauben der Azteken war mit dem Ablauf eines solchen Jahrhunderts die Gefahr gegeben, daß die Welt, und damit die Schöpfung, untergeht. Am letzten Tag des alten Zyklus' wurden deshalb alle Feuer im Land gelöscht, und die Priester zogen zum Sternenhügel außerhalb der Stadt Tenochtitlan. Überquerten die Plejaden nach Mitternacht ihren Zenit, galt der Neubeginn des nächsten Zyklus' als gesichert. Auf der Brust eines geopferten Menschen entzündeten die Priester sodann ein neues Feuer, welches an das Volk und an die Tempel weitergereicht wurde.

Die Abfolge dieser 52-Jahr-Zyklen erlaubt jedoch immer noch keine langfristige Datierung. Findet man in alten europäischen Dokumenten die Datumsangabe 3. September 89, ist damit nicht gesagt, ob es sich hierbei um das Jahr 1789, 1889 oder 1989 handelt.

Erst die Erfindung der sogenannten „Langen Zählung" (longcount) ermöglichte eine kontinuierliche Zeitrechnung. Das Prinzip beruht auf der Einführung eines Nullpunktes, von dem an alle Tage fortlaufend gezählt wurden. Das Datum, an dem die Zeitrechnung der Maya begann, ist der 10. August 3114 v. Chr. Diesem fixierten Nullpunkt liegt sicherlich kein historisches Ereignis zugrunde, vielmehr dürfte es sich um ein errechnetes Datum, vielleicht sogar um ein mythologisches Ereignis handeln.

Gezählt wurde wiederum mit Hilfe des Vigesimalsystems. Die kleinste Zeiteinheit war hierbei ein

Tag (kin). Die jeweils nächsthöheren Zeiteinheiten wurden wie folgt zusammengefaßt:

```
20 kin     = 1 uinal
18 uinal   = 1 tun
20 tun     = 1 katun
20 katun   = 1 baktun
20 bactun  = 1 pictun
20 pictun  = 1 calabtun
20 calabtun = 1 kinchiltun
```

Die Kenntnis des fixierten Ausgangspunktes der Maya-Zeitrechnung ermöglicht eine Korrelation unserer eigenen Zeitrechnung mit derjenigen der Maya. Heute können die wichtigsten Gebäude der Maya exakt datiert werden, was durch die Vielzahl der gefundenen in Stein geschlagenen Datumsangaben wesentlich erleichtert wurde. Die geschichtliche Entwicklung dieses Volkes wurde so zugänglich, eine Vielzahl offener Fragen konnte geklärt werden.

Doch nicht nur die historischen Dimensionen der alten Maya-Kultur erschlossen sich dem Forscher, sondern das tiefere Verständnis der mexikanischen Kalenderwissenschaft gestattete auch Einblicke in die gedankliche und mythologische Welt der Mexikaner. Ganze Völker ergaben sich in die Knechtschaft des allgegenwärtigen Kalenders. Jeder einzelne, vom Bauern bis zum Herrscher, hatte sich den Zyklen und den in ihnen herrschenden göttlichen Kräften zu unterwerfen. Die Schöpfung selbst ist keine abgeschlossene, endgültige Geschichte, sondern gleichfalls eingebunden in ein großes System von Wachsen und Vergehen. Der Fortbestand der Zeitzyklen – und damit der Welt – erforderte Menschenopfer; kein Krieg konnte gewonnen werden, keine Ernte eingebracht und kein Wild erlegt ohne den Beistand der Götter.

Erst die Einsicht in die Gesetzmäßigkeiten des Kalendersystems eröffnete das Verständnis für viele Aspekte der vergangenen und der heute noch bestehenden Maya-Kultur.

Wolfgang Funke

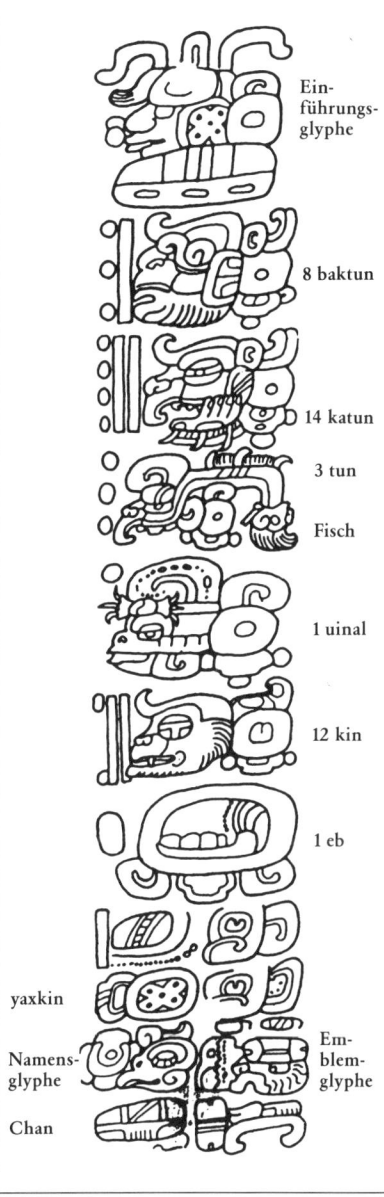

Einführungsglyphe

8 baktun

14 katun

3 tun

Fisch

1 uinal

12 kin

1 eb

yaxkin

Namensglyphe

Emblemglyphe

Chan

Die Schreibweise der Daten der sogenannten „longcount-Rechnung" zeigt diese Umzeichnung der Rückseite der „Leydener Platte". Diese „Initialserie" bezeichnet ein historisches Ereignis. Der Ausgangspunkt der longcount-Rechnung liegt im Jahr 3114 v. Chr. Diese fiktive Basis der Zeitrechnung entspricht in seiner Funktion unserer Zeitenwende.

Die Götter der Maya

Die ideologische Rechtfertigung der Conquista sahen die Spanier in der Bekehrung der Indianer zum Christentum. Gewaltsam wurde die neue Religion etabliert, die Priester der Maya getötet und ihre Tempel zerstört. Die Eroberer leisteten ganze Arbeit, aber bis zum heutigen Tag gelang es nicht, die Erinnerung an die einst so mächtigen Götter völlig auszulöschen. Nominell zwar Katholiken, halten die Maya noch vielerorts an altüberlieferten Glaubensvorstellungen und Praktiken fest.

Die zahlreichen steinernen Monumente im Maya-Gebiet, die zu Ehren der Götter und als Stätte der Anbetung errichtet wurden, deuten auf den Einfluß und die Bedeutung der Überirdischen und ihrer Vermittler auf Erden, der Priester.

Für die Spanier schien die Zahl der Maya-Götter unzählbar. Obwohl zweifellos einzelne Götter in verschiedenen Aspekten vorhanden waren, gab es doch eine große Zahl. Abgesehen von den geläufigen Göttern der Fürsten, der Ackerbauern oder der Zauberer besaßen auch die Fischer, Jäger, Tätowierer, Komödianten, Sänger, Dichter, Tänzer usw. eigene Götter. Die Liebenden hatten eine eigene Gottheit, wie es auch einen Gott und eine Göttin des Rauschtrankes gab. Selbst für die Selbstmörder war eine eigene Göttin vorhanden: Ix Tab, die „Herrin des Seiles".

Die verschiedenen Erscheinungsformen der Götter erschweren die Aufhellung der vielen Rätsel der

Musiker bei einer religiösen Zeremonie zu Ehren des Maisgottes: Rassel, Rasselstab, Trommel und Flöte (Codex Dresdensis).

Maya-Religion sehr. Dazu kommt, daß zu den meisten Gottheiten Zeichen von Tieren und Pflanzen mit menschlichen Aspekten vermengt wurden. Götter mit rein menschlichen Zügen, wie etwa in der Mythologie der Griechen, kommen überhaupt nicht vor.

Weiterhin erschwert wird die Deutung der einzelnen Gottheiten durch die Tatsache, daß es die meisten Götter gleich vierfach gibt, wobei jeder eine bestimmte Farbe zugeordnet erhält und mit einer der vier Himmelsrichtungen verbunden wird.

So gibt es z. B. vier Regengötter, die vier Chacs. Man kann über sie auch vom Gott Chac sprechen, denn im Gott sind ja vier Personen enthalten. Ein und derselbe Gott kann zugleich auch gut und böse sein, kann also gleichzeitig zwei Gesichter haben. Einer Gottheit fällt es leicht, das Geschlecht zu ändern, ebenso einmal alt und einmal jung zu erscheinen. Die gute Seite des Chac sendet den befruchtenden Regen; aus der gleichen Wolke prasseln zu einer anderen Zeit Schauer herab. Hier zeigt der Gott sein zweites Gesicht, seine verderbenbringende Kraft und trägt in dieser Eigenschaft die Zeichen des Todes.

In den Augen der Maya sind die Götter nicht die wohlwollenden Verteiler von Wohltaten ohne Unterschied. Sie fordern dafür Opfer an Räucherwerk, Nahrung und Blut. Der Sinn der Opfergaben war die Besänftigung der Götter, von denen man die Nahrungsmittel kaufen mußte. Die

Stilisierte steinerne Maske des Regengottes Chac an einem Gebäude in Uxmal. Charakteristisch für den Gott ist seine lange, rüsselförmige Nase.

ausgesprochene Todesfurcht führte die Menschen immer wieder zur Gottheit. Alle Dienste, die sie empfing, hatten keinen anderen Zweck, als Gesundheit, Leben und Wohlstand zu erhalten. Die Verehrung der Idole aus Stein, Ton und Holz diente der Bitte um den Schutz vor Krankheiten und um gute Jahreszeiten.

Viele der Feste wurden veranstaltet, um die Götter gnädig zu stimmen. So lange sie ihre Opfer erhielten, blieben sie gut gesinnt und spendeten die von ihnen geforderten Gaben. Anderenfalls konnten sie sehr böse werden und Seuchen oder Hungersnot schicken.

F. Anders: *„Das Pantheon der Maya"*

Der wohl grausamste Zug der altmexikanischen Religion war die Notwendigkeit, den Göttern das Kostbarste, über das man verfügt, darzubringen – in Form von Menschenleben. Tausende auserwählter Schlachtopfer starben auf den Altären, um mit ihrem Blut für den Fortbestand der Welt zu garantieren. Insbesondere die exzessiven Opferungen der Azteken lieferten den Spaniern wesentliche Argumente für die Zerschlagung der indianischen Kultur.

Aus der Macht und Allgegenwärtigkeit der Götter erwächst die immense Bedeutung der Priesterschaft.

Das komplexe Ritual der Maya erforderte eine umfangreiche, spezialisierte und hierarchisch geordnete Priesterkaste. Gelegentlich waren auch weltliche Herrscher Priester oder hatten doch priesterliche Funktionen. Die gesamte Priesterschaft rekrutierte sich aus dem Adel und hatte die Aufgabe, zwischen Herrschenden und Bauern, zwischen den Göttern und den Menschen zu vermitteln. Ein Hohepriester hieß Ahau Can, „Klapperschlange" oder „Herr des Himmels". Er galt als in alle Geheimnisse der Religion, der Astronomie und Mathematik, der Heilkunst und Zauberei eingeweiht. Er war Leiter des Rituals und Lehrer des Priesternachwuchses. Zu seinen Privilegien gehörte die Kunst des Schreibens und Lesens, die in zeremonieller Runde zu Ehren der Götter und zur Deutung der kulturellen Wirklichkeit geübt wurde.

Dem Ahau Can unterstanden die Nacom genannten Opferpriester, denen wiederum die Chac genannten Hilfspriester untergeordnet waren. Die Nacom hatten offenbar gesellschaftlich wenig Ansehen, denn ihre Hauptaufgabe bestand darin, das Menschenopfer zu vollziehen. Dazu wurde ein ausgewähltes Opfer von den vier Chac-Priestern an Armen und Beinen gehalten und über einen Opferstein vor den Tempel gelegt. Mit der „Hand des Gottes" – so hieß das scharfe Obsidianmesser – schnitt der Nacom geschickt mit einer einzigen Bewegung dem lebenden, wohl mit Drogen präparierten Opfer das Herz aus der Brust. Das Blut des noch zuckenden Herzens wurde den Götterfiguren zu trinken gegeben und schließlich der Sonne entgegengestreckt. Das herunterperlende Blut lief dem Nacom über Arme und Gesicht; es verklebte seine langen Haare, die er niemals schneiden oder waschen durfte, zu einer dicken Masse. Die Körper der Getöteten, deren Seelen bereits auf dem Weg zu den Göttern waren, wurden die steilen Pyramidentreppen herabgeschleudert und teils auf dem Friedhof des Tempelbezirkes begraben, teils rituell verspeist.

Über eine weibliche Priesterschaft ist uns wenig bekannt. Wir wissen, daß es Hermaphroditen *(ix p'en)* gab, die als besonders schön angesehen wurden und für priesterliche Tätigkeiten prädestiniert erschienen, da sie in sodomitischen Kulthandlungen doppelt beansprucht werden konnten. Über rituelles Transvestitentum, wie es bei heutigen Maya-Völkern (besonders Tzeltal-Tzotzil) noch vorkommt, schweigen die Quellen.

Hebammen beteten zur Mondgöttin Ix Chel, der Regenbogenfrau, deren Götterfigur für sanfte Geburten sorgte. Ix Chel war mit dem Zyklus des Mondes verbunden, wie die Frau

Gott E, der junge Maisgott (Codex Dresdensis).

mit der Menstruation. Die zeugende Kraft des Weiblichen spiegelte sich im himmlischen Webrahmen der Mondgöttin. Blüten waren die Symbole der Vulva und des Mondes. Frauen führten mit Hilfe der „Düfte des Mondes" einen starken Liebeszauber aus. (...)

Innerhalb der Priesterschaft hatte der Chilam Balam, der „liegende Jaguar", der Jaguarpriester, eine Sonderstellung. Er war außerhalb der priesterlichen Hierarchie angesiedelt und kannte die Geheimnisse gesteigerter Wahrnehmung und des Bewußtseinswandels. Sein Wirken war die kulturelle Trance, in der die Maya zu Hause waren. Er war das Sprachrohr der Götter. Und er alleine vermochte die Botschaften des Himmels und der Unterwelten zu erkennen und zu verstehen, denn er erfuhr sie konkret. Er konnte sich durch rituellen Aderlaß, Fasten, Meditationen in vollkommener Finsternis und den bewußtseinsöffnenden Essenzen der Pflanzen der Götter in Ausnahmezustände versetzen, in denen er mit den Göttern in Verbindung trat. Dabei lag sein Körper bewegungslos im dunklen Inneren eines Tempels, während sein Inneres, sein erweitertes Bewußtsein, mit einem göttlichen Wesen, das sich auf dem Dach des Tempels (für andere unsichtbar) niedergelassen hatte, kommunizierte. Die Botschaft des göttlichen Wesens drückte sich durch den Mund des Jaguarpriesters in „bemessenen", allen anderen Priestern unverständlichen Worten aus. Kehrte das Bewußtsein in den Körper zurück, trat der Jaguarpriester vor die wartende Menge und verkündete das göttliche Wort als Prophezeiung. Diese Prophezeiungen waren in Zeiten der Unsicherheit besonders wichtig, denn sie sagten den Maya, wie sie sich verhalten sollten, um sich in Harmonie mit dem Kosmos zu versetzen. So erschuf der Chilam Balam, Prophet und Sprachrohr der Götter, kulturelle Wirklichkeiten.

Um seine Wahrnehmung für das Göttliche zu öffnen, benutzte er den heiligen Balchetrunk, der mit den Extrakten aquatischer Pflanzen und Tiere stark gemacht wurde. Die mit dem Jaguar, einem an sich schon göttlichen Tier, assoziierten Seerosenblüten schwammen auf dem Trunk, als sei er ein See, und gaben ihm ihre narkotisierenden Kräfte. Die mit den Regengöttern zusammenhängenden Meereskröten *(Bufo marinus)* mußten wahrscheinlich ihre halluzinogenen Hautsekrete dem Trunk und damit der Trance des Jaguarpriesters opfern. Ihre Skelette wurden zu Hunderten, besonders auf der Insel Cozumel, rituell bestattet.

Die berühmteste und zugleich schrecklichste Prophezeiung des Chilam Balam war die Voraussage von der Rückkehr des Kukulcán und der damit verbundenen neuen Unterjochung des Maya-Volkes. Mit der Ankunft der Spanier sollte diese Zukunftsvision Wirklichkeit werden.

C. Raetsch: *„Chactun"*

Die Erforschung der Götterwelt der Maya begann Ende des vergangenen Jahrhunderts, als die ersten Ansätze zum Verständnis des Kalenders und der Astronomie der Maya gelegt wurden. In der Zeit, als die Venus- und die Finsternistabellen im Codex Dresdensis entschlüsselt wurden, begann Paul Schellhas mit dem Studium der Göttergestalten in den drei erhaltenen Codices (...). Er erkannte, daß fast jeder Gestalt in den drei Handschriften eine, in wenigen Fällen auch mehrere Hieroglyphen zugeordnet waren, die ganz offensichtlich deren Namen bezeichneten. Um nicht von vornherein durch spekulative Deutungen die Forschung in eine möglicherweise falsche Richtung zu bringen, verzichtete Schellhas auf die Benennung der Götter mit Maya-Namen. Er führte statt dessen ein

Dieser geschnitzte Maya-Priester bildete einst das Oberteil eines Zepters. Die Bezeichnung für Priester war „balam", was gleichzeitig „Jaguar" bedeutet. Die zweifache Symbolik der Schnitzerei liegt in der Verwendung eines Jaguarknochens als Material und der Wiedergabe des Priesters im Jaguarfell.

System von Buchstaben ein, mit dem jeder einzelne Gott bezeichnet wurde. Dieses System, obgleich es wenig anschaulich klingt, hat sich bis heute bewährt und wird in allen Arbeiten über die Götter der Codices angewendet. Es empfiehlt sich daher, es so lange weiter zu benutzen, bis wir die tatsächlichen Namen der dargestellten Götter durch die Lesung ihrer Namenshieroglyphen kennen. In einigen Fällen war jedoch eine Revision des Schellhasschen Systems notwendig, nämlich dort, wo er versehentlich verschiedene Götter nicht unterschieden und unter einem gemeinsamen Buchstaben zusammengefaßt hat.

Gott G, der alte Sonnengott Kinich Ahau, „Herr Sonnengesicht" (Codex Dresdensis, S. 11).

Die Anzahl der Götterabbildungen in den drei Handschriften beläuft sich auf mehrere hundert. Es können etwa dreißig verschiedene Götter identifiziert werden, rechnet man einige Tiergestalten, die eindeutig als Götter agieren, hinzu.

Bemerkenswert ist das Übergewicht der männlichen Göttergestalten. Etwa zwei Dutzend männliche Götter stehen zwei weiblichen Göttern gegenüber. Einer der weiblichen Gottheiten, der jungen Mondgöttin I, ist im Codex Dresdensis allerdings ein ganzes Kapitel gewidmet. Weit weniger häufig begegnet uns die alte Göttin O, die wahrscheinlich Patronin der Webkunst war. Aufgrund ikonographischer Kriterien läßt sich das Pantheon nochmals teilen: in zwei Generationen von Göttern. Die Götter der alten Generation (die Mehrzahl) haben, sofern sie keinen Kopfputz tragen, eine durch einen oder zwei Halbkreise von Punkten dargestellte eigenartige Frisur; die Augen sind von einem U-förmigen Gebilde eingerahmt, das vielleicht die Tränensäcke darstellt; die Nase ist groß und kantig, und die Backen sind eingefallen, so daß die Kieferknochen als Linie sichtbar sind. Oft wird im Mund noch ein einzelner Backenzahn gezeigt, ein Zeichen dafür, daß die Gottheit ansonsten zahnlos ist.

Wenn die für die Götter der alten Generation charakteristische Augenumrahmung tatsächlich Tränen darstellt, so läßt sich daraus ein Wortspiel ableiten, das zur Erklärung dieses Attributes dienen könnte. Im kolonialzeitlichen Maya von Yucatán heißen Tränen *itz*. Nun gibt es in der gleichen Sprache den Wortstamm *idz*, der als Adjektiv *idzat* die Bedeutung, „gelehrt, weise, zauberkräftig" hat. Vielleicht sollte durch die ähnlichen Laute eine im Alter erworbene Weisheit und besondere Wirksamkeit in der Durchführung göttlicher Handlungen unterstrichen werden.

Die Götter der jungen Generation zeichnen sich durch mandelför-

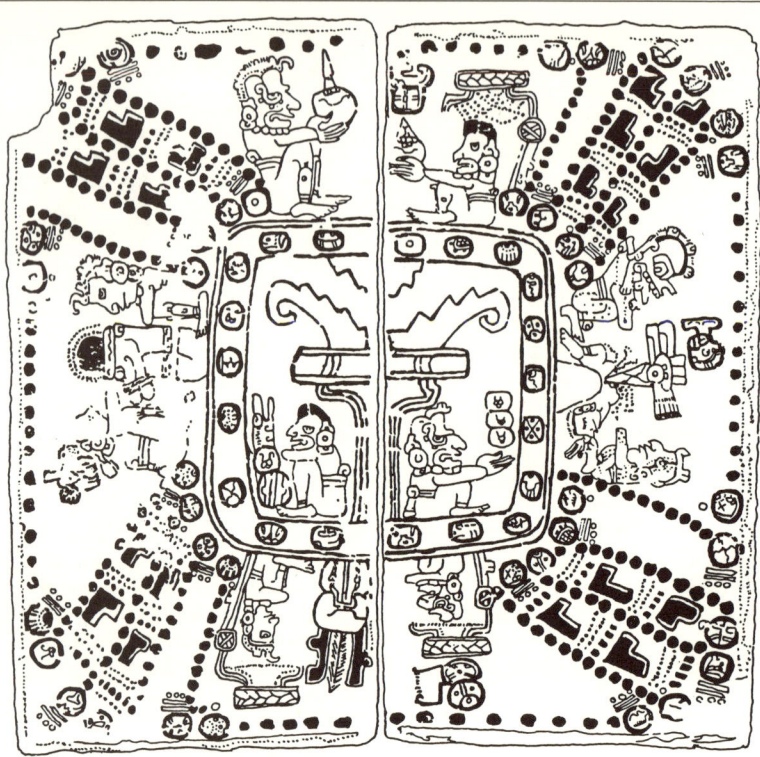

Die Kosmologie der Maya, dargestellt auf den Seiten 75 – 76 des Codex Tro-Cortesianus.

mige Augen, eine hohe und deformierte Stirn und eine lange Nase mit einem stark betonten Nasenbein aus.

Weibliche Gottheiten unterscheiden sich von den männlichen Gestalten durch die groß dargestellte weibliche Brust, die Kleidung (die alte Göttin O ist stets mit einem Wickelrock gemalt) und durch die Frisur. Diese ist mit für beide weibliche Gottheiten typischen Attributen versehen und soll daher im Zusammenhang mit den Göttinnen selbst näher beschrieben werden. Neben solch generellen, Geschlecht und Alter der Götter betreffenden Merkmalen gibt es noch eine große Anzahl von Attributen, die ausschließlich individuelle Eigenschaften der jeweiligen Gestalten bezeichnen. Diese Attribute manifestieren sich besonders in der Form des Kopfputzes, der Körperbemalung, der Ohrringe, der Kleidung und im Schmuck der Göttergestalten.

M. Münzel: *„Die Indianer"*

Die Christianisierung durch die Spanier bedeutete nicht automatisch einen Bruch mit der alten Religion der Maya.

Spanier wie Eingeborene waren sehr darüber erstaunt, wie sich in den beiden Religionen die Riten ähnelten, war die Übereinstimmung vielfach auch nur oberflächlicher Natur. Die spanischen Mönche betrachteten die Anschauungen der Indianer gar für Gottesideen des Alten und des Neuen Testamentes, die in der Reinheit christlicher Offenbarung den Völkern Amerikas durch einen der Apostel selbst verkündet, allerdings dann vom Teufel verzerrt worden seien. Ihre Aufgabe war die Beschäftigung mit diesen Ideen, aber nicht zur wissenschaftlichen Auswertung, sondern zur Ausrottung der Umbiegung oder heidnischen Lehren in die der Kirche.

F. Anders:
„Das Pantheon der Maya"

Es entstanden ganz neue, synkretistische Glaubensvorstellungen.

Die von den Spaniern angestrebte Kontrolle der Maya-Bevölkerung war nicht perfekt genug, um alles „Heidnische" auszumerzen. Die Maya erkannten den Gott der Spanier als *Hahal Ku*, „Wahren Gott", an und identifizierten ihn heimlich mit dem körperlosen Hunab Ku, „Einziger Gott". Jesus Christus wurde der Sohn des Hahal Ku und entsprach damit den Himmelsgöttern, die von Hunab Ku abstammten. Maria wurde mit Ix Chel, der Mondgöttin, verschmolzen und galt als jungfräuliche Mutter der sieben Planeten und als die Anführerin der vier Regengötter, die bei Feldbauzeremonien in den Maispflanzungen um Fruchtbarkeit gebeten wurden.

Die heutigen Maya haben eine synkretistische Religion, in der die jeweils ähnlichen Elemente der alten Religion mit denen des Christentums verschmolzen sind. Dabei gehen die Regen- und Jagdgötter gemeinsam mit dem Maisgott Jesus und Maria, die Cichpam Colel („Schöne Frau") heißt, einträchtig durch die Welt, die immer noch mehrschichtig und vierfarbig ist.

Die Heiligen, einschließlich der Jungfrau Maria, werden als eine Vielzahl von Lokalgottheiten verstanden: So ist etwa Unsere Muttergottes von Santiago nicht mit Unserer Muttergottes vom Berge identisch. Diese sind vielmehr Schutzpatrone jeweils einzelner indianischer Gemeinschaften. Andere Heilige beschützen Ladino-Gemeinschaften und besitzen demzufolge für die Indianer kaum Interesse. Es gibt auch Schutzpatrone bestimmter Berufsgruppen und indianische Vorfahren, die zu Schutzherren einiger Verwandtschaftsgruppen geworden sind.

Die „Eigentümer" jeweils bestimmter Naturphänomene wie der Wälder, der Berge, des Regens, des Maises usw. greifen unmittelbarer als ferne Götter ins Leben der Maya-Bauern ein und sind Gegenstand besonders intensiver Beachtung und Verehrung. Im Hochland sind die mächtigsten dieser Wesen die Herren der Berge (die oft auch allgemein

„Jesus, der Maisgott"; Zeichnung eines 12jährigen Maya-Jungen aus X-Yatil, Quintana Roo.

Herren des Erdreichs sind und manchmal mit der schon erwähnten Fruchtbarkeitsgottheit verschmelzen), im Tiefland die Regengötter Chac. Ihnen steht eine Reihe von Hilfsgeistern zur Verfügung, so in der Vorstellung der Chorti die Arbeitenden Männer, die gröbere Geisterarbeiten übernehmen. Die Riten zur Sicherung der Fruchtbarkeit und des Regens bestehen im wesentlichen aus Opfern etwa von Baumharz, das verbrannt wird, oder von Kerzen, Zweigen oder Blumen und aus Gebeten an die Eigentümer. Die Gemeinschaft überträgt die Verantwortung für diese Riten an die (...) indianischen Würdenträger. Unter den so verehrten mächtigen Wesen steht noch eine Vielzahl kleinerer Geister, wie die Seelen in auffälligen Steinen usw.

Anscheinend ist praktisch die ganze Natur, jeder Stein, jeder Baum, jede Manifestation, wie eine Wolke oder ein Blitz, von einem solchen Geist beseelt. Der Mensch selbst kann zahlreiche Seelen besitzen. Sie treffen sich im Traum, begegnen dort auch bisweilen übermenschlichen Wesen. Den Träumen wird deshalb ganz besondere Bedeutung zugemessen. Eine in Teilen des Hochlandes verbreitete Form des Orakels sind die Sprechenden Heiligen, die bestimmten Personen – meist religiösen Mittlern – im Traum erscheinen. Man kauft die Figur des Heiligen, der einem erschienen ist, und hält sie dann in einem Schrein, wo man sie als Orakel befragt. Im Orakelwesen spielt in manchen Gegenden (besonders gut nachgewiesen für das Hochland von Nordwestguatemala) noch der vorspanische Maya-Kalender zur Bestimmung „guter" und „schlechter" Tage eine wichtige Rolle.

M. Münzel: *„Die Indianer"*

DIE GÖTTER DER MAYA 155

Ein weiteres Element christlichen Glaubens, welches sich mühelos in die Glaubensvorstellung der Maya einfügte, war das Kreuz. Das Motiv des Kreuzes stand bei den Maya schon von jeher als Symbol für den Lebensbaum und den Schnittpunkt der vier Himmelsrichtungen. Bereits Bartolomé Leonardo de Argensola (1552–1631)…

… sah ein drei Ellen hohes Kreuz. In Cozumel und auf der Halbinsel Yucatán fanden sich Kreuze sowohl in Wandgemälden als auch aus Holz, Kalkstein und Stein. Man erfuhr, daß die Indios das Kreuz „Gott des Regens" nannten und daß sie in Notzeiten vor ihm niederknieten und beteten.

Franz Blum führt in seiner Arbeit „La vida precortesiana del indio chiapaneco de hoy" (Das Leben der heutigen Indios von Chiapas vor der Eroberung) weiter aus:

Überall in den Eingeborenen-Territorien von Chiapas, Campeche und Quintana Roo und auch in der Sierra de Juárez von Oaxaca habe ich zahlreiche Kreuze auf Anhöhen, Hügeln und antiken Ruinen vorgefunden… Nie sieht man eine Christusfigur darauf… Die Eingeborenen sprechen immer von El Señor Santa Cruz. Für sie hat das Kreuz Persönlichkeit, und es verkörpert eine Gestalt, die mit Christus in keinerlei Zusammenhang steht. In Quintana Roo habe ich Kreuze gesehen, die man nach Eingeborenenart bekleidet hatte. Es unterliegt keinem Zweifel, daß das Kreuz in den Augen der Eingeborenen von jeher etwas völlig anderes als das christliche Kreuz darstellte … Am 3. Mai vollziehen die Indios besondere Zeremonien vor dem Kreuz. Sie verbrennen Weihrauch, bringen Speiseopfer dar, entzünden Kerzen, beten und bitten um Wasser, um Regen für ihre Äcker … Wenn die Indios einen Baum finden, der mehr oder weniger in Kreuzesform gewachsen ist, so schneiden sie ihn ab, entfernen die Rinde und stellen ihn über einem Altar auf… Als ich mich (bei einem Indio) erkundigte, welchen Sinn das Kreuz habe, wurde mir gesagt, es sei *Ahom ché*, „Señor Santa Cruz". Der *Ahom ché* war der geheiligte Baum, die Ceiba (Bombus Ceiba), der *Yax ché* (yax = grün, der erste), der erste grüne Baum, Ursprung allen Lebens … Für den Indio von heute ist das Tempelkreuz nicht das christliche, sondern ein direkter „Nachfahr" dieses *Yax ché*, des Baumes, der Wasser zum Leben braucht.

Franz Blum:
„Das Leben der heutigen Indios von Chiapas vor der Eroberung"

Auch in einem anderen Zusammenhang sollte der Kreuzkult der Maya noch einmal an Bedeutung gewinnen. Die Geschichte Yucatáns ist geprägt vom Widerstand der Bevölkerung zunächst gegen die spanischen Eroberer, nach der Unabhängigkeitserklärung Mexikos

im Jahr 1821 in Form einer Autonomiebewegung, die sich gegen die Politik der neuen mexikanischen Zentralregierung richtet.

Im sogenannten „Kastenkrieg" organisierten sich die Maya im Widerstand gegen die mexikanischen Regierungstruppen, doch der Versuch der Aufständischen, unter britische Hoheit zu kommen, scheiterte nach anfänglichen Erfolgen endgültig im Jahr 1849.

1850 geschah das Wunder: An einem *Cenote* (unterirdisches Wasserreservoir der flußlosen Halbinsel Yucatán) wurde das „Sprechende Kreuz" aufgefunden. Seine Botschaften knüpften an die Tradition der Prophezeiungen der Maya-Priester an, es waren Voraussagen und Anweisungen für die Gemeinschaft. Der Fundort des Kreuzes, Chan Santa Cruz, wurde das Zentrum des Widerstandes. Am 3. Mai 1851, dem Fest des „Heiligen Kreuzes", wurde es erneut angegriffen, im folgenden Jahr eingenommen. In Belize wurde ein Friedensvertrag (Steuerfreiheit für die Maya, erlaubter Waffenbesitz, Rechtsgarantien) unterzeichnet, doch die Auseinandersetzungen gingen weiter.

Die aufständischen Maya sicherten ihr Zentrum, um das sich selbständige Dörfer gruppierten, ab und begannen mit dem Ausbau ihrer Religion und Gesellschaft. Gleichheit und Solidarität förderten den Zusammenhalt des „auserwählten Volkes". Alle Familien hatten gleichen Zugang zum Land und waren Nutznießer ihrer Produkte. Der gemeinsame Glaube an das „Sprechende Kreuz" und an das Verteidigungsbündnis band die Menschen zusammen. Das von den Cruzoob-Maya aufgebaute System einer militärischen Theokratie erwies sich als eine dem Kriegszustand entsprechende Gesellschaftsordnung. Die religiöse Organisation zeigte starke Parallelen zur vorkolonialen Sozialstruktur.

Marianne Gabriel:
in „pogrom" Mexiko

Das „Heilige Kreuz" genießt tiefe religiöse Verehrung bei den Maya.

Die Maya heute

Die Eroberung Mexikos bedeutete einen tiefen Einschnitt in der Geschichte des Landes. Bis heute sind die Folgen der Conquista und der Kolonialpolitik allgegenwärtig, bis heute leben hier die direkten Nachfahren der Völker, die einst von den Spaniern unterworfen wurden. In kaum einem anderen Land Zentralamerikas ist die indianische Vergangenheit und Gegenwart so offensichtlich wie in Mexiko.

Was ist ein Indianer? Zumindest am Beispiel Mexikos ist diese Frage nicht immer leicht zu beantworten. Eine Folge der Conquista war eine drastische Dezimierung der Urbevölkerung durch eingeschleppte Seuchen, Hungersnöte und Terror. In der Folgezeit besiedelten europäische Einwanderer das nahezu entvölkerte Land und vermischten sich mit der einheimischen Bevölkerung.

Mexiko ist heute das Land mit dem weitaus höchsten Anteil an Mestizen in der Bevölkerung (Mestizen sind die Mischlinge zwischen Indianern und Weißen). Dennoch gelang es Teilen der Einheimischen, ihre kulturelle Identität bis heute, allen Eingliederungsbestrebungen der mexikanischen Bundesregierung zum Trotze, zu bewahren. Hervorstechendes Kennzeichen dieser Gruppen ist u. a. die indianische Muttersprache, die oft noch ausschließlich gesprochen wird.

56 Völker lassen sich auf Grund dieses Kriteriums allein auf dem Gebiet des heutigen Mexiko unterscheiden.

Die Maya sind nicht nur Relikt, Nachkommen der Träger einer der klassischen Hochkulturen der Neuen Welt. Mit über zwei Millionen Menschen sind sie in der Gegenwart eine der größten Volksgruppen des indianischen Amerika. In einem der modernen Staaten Lateinamerikas, Guatemala, bilden sie die Hauptmasse der Bevölkerung. Zwar sind die auffälligsten Zeichen ihrer alten Kultur – religiös-politische Zentren mit Pyramidenarchitektur, hervorragender Bildhauerkunst, Malerei, Wissenschaft, Schrift – den Europäern zum Opfer gefallen. Aber das Fundament der Hochkultur, das Maya-Bauerntum, hat sich erhalten. Es ist nicht in die Primitivität zurückgesunken, sondern noch heute typisch hochkulturlich, nur entbehrt es des für die voreuropäische Kultur charakteristischen Daches: der indianischen Oberschicht in den Kulturzentren, der Priester, Wissenschaftler, Verwalter, die von den Europäern hinweggefegt wurden. Mit ihnen verschwanden auch die wissenschaftlich-künstlerischen Spitzenleistungen. An die Stelle des Verlorenen traten vor allem im Hochland von Guatemala provinzielle Elemente der kolonial-europäischen Kultur, so wie sich an die Stelle der indianischen Oberschicht die europäischen Kolonialherren setzten.

M. Münzel: *„Die Indianer"*

Das Verständnis der sozialen und gesellschaftlichen Strukturen der heutigen indianischen Gemeinschaften ist nur möglich, wenn man die historische Entwicklung und vor allem die Zerstörung der ursprünglichen Lebensformen während der Kolonialzeit mit in die Betrachtung einbezieht.

Ebenso hart wie der von Kirche und Staat betriebene Umzug der Maya aus ihren traditionellen Streusiedlungen in planmäßig angelegte Pueblos (1552/53) traf die Menschen das gleichzeitig erlassene Verbot künftigen gemeinsamen Wohnens in größeren Familienverbänden. Das Leben in Großfamilienhäusern wurde untersagt, jede Kleinfamilie mußte als steuerpflichtige „Wirtschaftseinheit" ihr eigenes Haus beziehen. 150 Jahre später folgte ein zweiter schwerer Eingriff, diesmal in die überlieferten Formen ihrer Agrarwirtschaft, die sich vom einfachen Brandrodungsfeldbau im Laufe der Jahrhunderte zu einer stark diversifizierten Intensivwirtschaft entwickelt hatte.

Im Archivo General de Indias in Sevilla und im Archivo General de Centro America liegen bisher unbeachtet gebliebene spanische Manuskripte, die N. Hellmuth ausgewertet hat. Sie beruhen auf Augenzeugenberichten und machen uns mit einem anderen Zweig kolonialspanischer Herrschaftspraktiken bekannt, die das auf dem Anbau verschiedenartigster Kulturgewächse unter optimaler Nutzung der naturgegebenen Möglichkeiten beruhende Wirtschaftssystem der Maya rigoros zerstörten. In den Jahren 1694 bis 1710 ließen die Spanier systematisch alle Hausgärten und

DIE MAYA HEUTE 159

Karneval in San Juan Chamula: Tzotzil-Indianer laufen durch ein Feuer. Es ist dies einer jener uralten „Reinigungs"-Riten, mit denen die „hombres de maíz", wie sie sich nennen, ihre kulturelle Identität behaupten.

Obstbaumpflanzungen vernichten. Sie verboten den Anbau von Knollenfrüchten (Süßkartoffeln, Maniok) und aller anderen Nutzpflanzen außer Mais und Bohnen. Wo sich die Bauern nicht an dieses Verbot hielten, wurden die Milpas niedergebrannt oder die unerwünschten Kulturgewächse herausgerissen. Die Spanier begünstigten ausschließlich die Produktion von Mais und Bohnen. Die Ernteerträge waren leicht kontrollierbar, die Festlegung der als Steuern abzuliefernden Mengen einfach, das Erzeugnis haltbar, bequem zu stapeln und in die neuen spanischen Siedlungszentren abzutransportieren. In der arbeitsaufwendigen Bewirtschaftung von Gemüse- und Obstgärten sahen die Eroberer eine Fernhaltung der Bauern von ihrer Hauptaufgabe, eine möglichst hohe Mais- und Bohnenproduktion zu erzielen.

Es ist also nicht so, daß die heute wieder über den Anbau von Mais und

Yucatekisches Bauernhaus (Choza). Das steile Satteldach wird mit Gras, Palmwedeln oder Maisstroh gedeckt.

Bohnen hinausgehende Agrarwirtschaft der Maya eine neuere Zutat zu einem „ursprünglich" auf Mais und Bohnen beschränkten Feldbau wäre, sondern im Gegenteil: Die heutige Agrarwirtschaft der Maya ist der nach dem von den Spaniern verursachten verheerenden Rückschlag erst unvollkommen gelungene Versuch, sich wieder wie einst eine breitere Ernährungsbasis zu verschaffen. In Unkenntnis dieser spanischen Zwangseingriffe um die Wende vom 17. zum 18. Jahrhundert haben zahlreiche Maya-Forscher aus dem bei ihren Reisen vor 30, 50 oder 100 Jahren gewonnenen Eindruck gefolgert, daß Mais und Bohnen so wie zu ihrer Zeit auch bei den alten Maya nicht nur – was richtig ist – die Hauptnahrungsmittel, sondern – was falsch ist – praktisch die einzigen Nahrungsmittel gewesen seien. Sie haben die Maya unseres Jahrhunderts als Brandrodungsbauern kennengelernt und meinten, daß die Feldwechselwirtschaft auch in der klassischen Zeit ihr einziges Landnutzungssystem gewesen sei.

Eine Bevölkerungszählung im Jahre 1784 ergab, daß im heute mexikanischen Teil der Halbinsel Yucatán einschließlich Belize 334000 Menschen lebten, von denen 265000, das heißt rund 80%, Maya waren. Im Klassikum wurde dieser selbe Raum von 10 – 11 Millionen, das gesamte Maya-Land von 19 – 20 Millionen Menschen bewohnt. Nur ein kläglicher Überrest hatte das große Sterben überlebt. Während der ganzen Kolonialzeit kam es zu keiner völkischen Wiedergeburt. Krankheiten und hohe Kindersterblichkeit forderten weiter ihre Opfer. Die von den Spaniern auf die primitive Ausgangsform zurückgeworfene Agrarwirtschaft der Maya hatte das Nahrungsmittelaufkommen so drastisch reduziert, daß Yucatán zwischen 1535 und 1835 von 15 schweren Hungersnöten heimgesucht wurde. So veranschlagte denn K. Sapper zu Anfang unseres Jahrhunderts die Zahl der Maya-Sprechenden auf der Halbinsel unter Einschluß des – allerdings nahezu menschenleeren – Petén auf auch noch nicht mehr als 300000.

Erst in unserem Jahrhundert wuchs die Bevölkerung in den mexikanischen Bundesstaaten Yucatán, Campeche und Quintana Roo wieder auf 1,1 Millionen an. Von ihnen haben ein Drittel Yucatekisch zur Muttersprache.

Herbert Wilhelmy:
„Welt und Umwelt"

Hochkulturliche Charakteristika noch bei den heutigen Maya-Bauern sind etwa: politische Organisation in territorialen, nicht in verwandtschaftlichen Einheiten; geringe Ausbildung eines Verwandtschaftssystems über die Kernfamilie hinaus; Zusammenhalt mehrerer Kernfamilien im territorialen Rahmen durch Unterordnung unter eine politische und religiöse Hierarchie, deren Würdenträger auch heute noch teilweise in religiös-politischen Zentren siedeln; Austausch von Produkten auf regelrechten Märkten in diesen Zentren; hochgradige Formalisierung des gesellschaftlichen Lebens; Hierarchisierung der Höheren Wesen der Religion. Diese Elemente sind am stärksten im Hochland von Guatemala ausgeprägt, wo sie durch den Einfluß der gerade in diesen Punkten verwandten europäischen Hochkultur gestützt wurden. Weniger lebendig sind sie auf Yucatán, am schwächsten bei den Lacandonen, wo der europäische Einfluß sich eher als in eigenen konstruktiven Beiträgen in Verwüstungen niederschlug, die schließlich auch an die Substanz der gesellschaftlichen Struktur griffen. Auf Yucatán etwa verschwanden die voreuropäischen Märkte in spätkolonialer Zeit weitgehend.

Die Kulturprovinz der Maya faßt zwei geographisch sehr verschiedene Räume zusammen, das Hochland von Guatemala und Chiapas einerseits, das Tiefland von Yucatán und Tabasco andererseits. Dem entspricht eine ungenaue Aufgliederung der Maya-Sprachfamilie in zwei Zweige, die Hochland- oder Quiché- und die Tiefland- oder eigentlichen Maya-Sprachen. Auch kulturell ist ein Unterschied zwischen Gebirgs- und Tieflandbauern deutlich. Dabei stimmen aber die sprachlichen, kulturellen und historischen Grenzen nicht gänzlich überein. Für die Gegenwart ergibt sich folgendes Bild.

Tiefland-Maya mit eigentlichen Maya-Sprachen: Yucateken (Halbinsel Yucatán), Lacandonen (oberer Usumacinta, Chiapas), Chontal (Tabasco), Chol (Nord-Chiapas), Mopán (Petén, Belize, Quintana Roo).

Hochland-Maya mit Quiché-Sprachen: Mam und Kanhobal: Ixil, Aguacateken, Mam, Kanhobal (nordwestl. Hochland von Guatemala); Teco (S. Marcos und Chiapas); Chuh, Jacalteken (Huehetenango und

Straßenszene in San Cristóbal de las Casas.

162 ZEUGNISSE UND DOKUMENTE

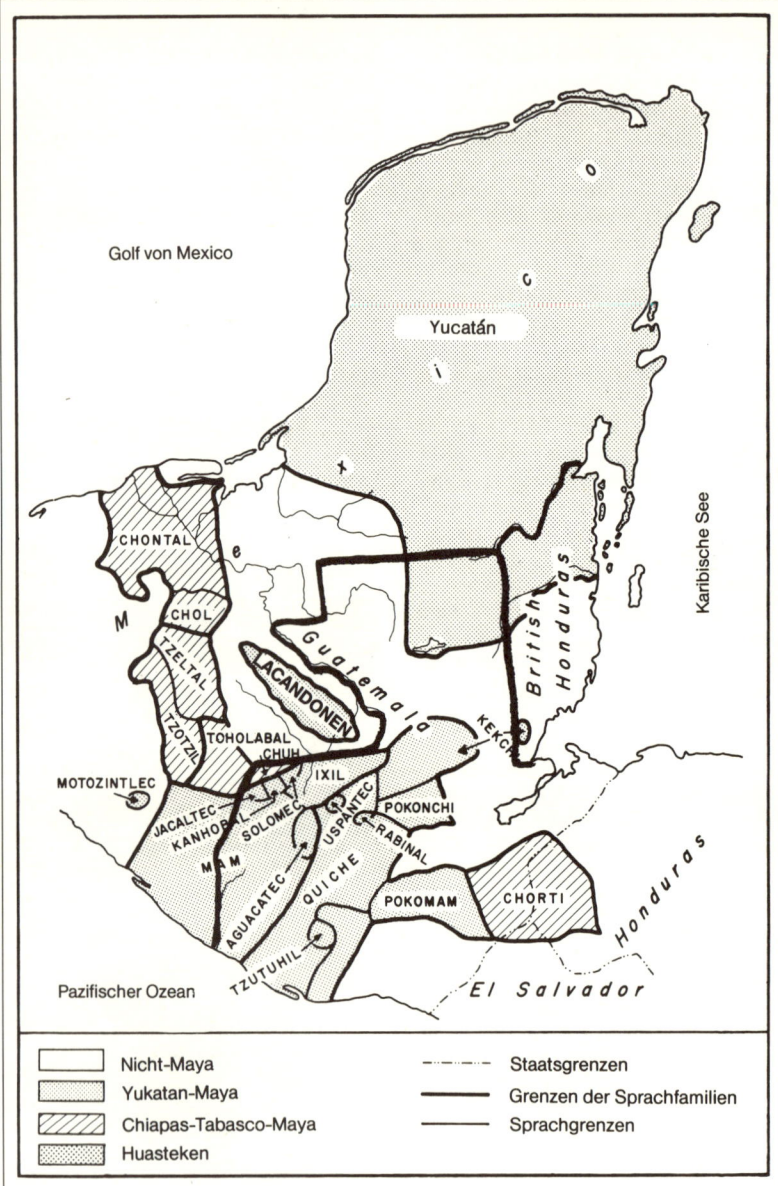

DIE MAYA HEUTE 163

Aus einem Umkreis von über 100 km kommen die Bauern nach San Cristóbal, um auf dem Markt ihre Erzeugnisse zu verkaufen.

Chiapas); Toholabal, Mototzinleken (Chiapas). Quiché: Cakchiquel, Uspanteken, Tzutuhil, Quiché (Zentralguatemala). Pokomchi (ebd.), Pokomam (östl. Hochland von Guatemala).

Maya zwischen Tief- und Hochland: Kekchi (kulturell eher Tiefland, sprachlich aber zu den Quiché; in Alta Verapaz und in Enklave in Belize), Chorti (kulturell eher Hochland, sprachlich aber eigentliche Maya; Grenzgebiet von Guatemala, El Salvador und Honduras), Tzeltal, Tzotzil (beide kulturell Hochland, sprachlich jedoch eigentliche Maya; Chiapas).

Im Rahmen der allgemeinen Maya-Kultur ist die Aufsplitterung beträchtlich, insbesondere im Hochland, wo unterschiedliche Höhenlagen und die Abgeschiedenheit einzelner Gebirgsregionen Differenzierungsfaktoren bilden.

Die (...) regionale Aufsplitterung der Maya machte schon den spanischen Konquistadoren zu schaffen. Hatten sie in den Reichen der Azteken und Inka relativ leichtes Spiel – sie rissen die Gewalt über den riesigen Gesamtstaat an sich, indem sie den Herrscher in einer Art Staatsstreich gefangennahmen –, mußten sie im dritten der Hochkulturgebiete der Neuen Welt, bei den Maya, statt eines großen Reiches auf einen Schlag, viele kleine Zentren mühselig nacheinander erobern. Zudem war innerhalb der Kleinstaaten die Macht nicht derart zentralisiert wie bei den Azteken oder gar Inka. Es gab keine Spitze, den uneingeschränkten Alleinherrscher, den man nur in die Hand bekommen mußte, um den ganzen Staat kontrollieren zu können. Vielmehr war die politische Macht in den Tempelzentren auf eine Führungsgruppe verteilt, und überdies hatte sich die Entscheidungsgewalt in den letzten Jahrzehnten vor Ankunft der Spanier aus den Zentren teilweise in die Dörfer und Weiler verlagert. Für die Spanier, selbst an eine zentralistische Ordnung gewöhnt, war der dezentralisierte Organismus der Maya-Kleinstaaten fremdartig und schwer zu bewältigen. Zwar konnten sie örtliche Gegensätze nach dem Grundsatz des Divide et Impera für sich nutzen, doch insgesamt war der Kolonialkrieg gegen die Maya langwierig.

Auf Yucatán dauerte die Unterwerfung 15 Jahre, von 1527 bis 1542. Bald nach dem Ende des Krieges kam es 1546 noch zu einem Aufstand unter Führung der Maya-Priester, der erst nach langen Kämpfen durch blutigen Terror niedergeworfen werden konnte. Länger noch dauerte der Widerstand in den tropischen Wäldern am oberen Usumacinta (Chiapas). Als die Spanier dort 1530 erstmals eindrangen und Dörfer verwüsteten, begannen die Bewohner einen jahrzehntelangen Verteidigungskrieg in Guerillataktik, den die Weißen erst 1586 mit der Politik der Verbrannten Erde und der Liquidierung eines Großteils der Bevölkerung beendeten. Einzelne Dörfer wurden erst 1695, 165 Jahre nach Beginn des Kampfes, in den spanischen Machtbereich eingegliedert. Im Petén hielt sich der Kleinstaat Itzá in einem isolierten Zufluchtswinkel bis 1697. In diesem Gebiet überlebten keine Maya.

M. Münzel: *„Die Indianer"*

Die Unterdrückung und Repression der einheimischen Bevölkerung Zentralamerikas hat Tradition. Die lange Leidensgeschichte der indianischen Völker ist auch heute noch nicht beendet.
Amnesty International berichtet:

Im Frühjahr 1983 wurden zahlreiche, meist indianische Landarbeiter im südlichen Bundesstaat Chiapas gefangengenommen und ihre Häuser zerstört. Grund hierfür war ihre Mitgliedschaft in der Landarbeitergewerkschaft „Central Independiente de Obreros Agricolas y Campesinos".

Ende 1982 wurden zahlreiche Triqui-Indianer in San Juan Copala im Bundesstaat Chiapas inhaftiert. Grund hierfür waren Verdächtigungen, dem „Movimiento des Unificación y Lucha Triqui" anzugehören, einer Organisation zum Schutz und zur Vertretung der Landarbeiterinteressen gegenüber den Großgrundbesitzern.

Am 29. Mai 1983 löste die Nationale Gerichtspolizei eine Bauernversammlung auf, die die Frage einer Landbesetzung erörterte. Dies geschah in Cabeza de Toro in der Nähe der Stadt Tonalá im Staat Chiapas. Mindestens fünf Bauern wurden verhaftet;

während der Haft wurden Geständnisse erpreßt, die mit hoher Wahrscheinlichkeit aufgrund von Folterungen zustande kamen.

In Mexiko rühren in den letzten Jahren viele Menschenrechtsverletzungen aus den Diskussionen über das Bodenrecht her. Trotz einer Reihe von Gesetzen und Bestimmungen, die das Ziel haben, nutzbares Land an landlose Bauerngemeinschaften zu verteilen, sind bis jetzt noch über vier Millionen Familien ohne Land. Für einen großen Teil derjenigen, die eigenen Boden bearbeiten, reicht der Ertrag nicht zum Leben; andere erhielten Land, das landwirtschaftlich nicht genutzt werden kann. Konflikte ergeben sich zwischen Bauerngemeinschaften, die Landbesitz beanspruchen, und örtlichen oder bundesstaatlichen Regierungsstellen bzw. auch mit Großgrundbesitzern.

Am 2. Juni 1982 wurden im Bundesstaat Puebla 26 Campesinos ermordet, Täter waren sogenannte Pistoleros, die von Großgrundbesitzern angeheuert worden sein sollen. Ein ähnlicher Vorfall ereignete sich im März 1983 im Dorf Chalchiuhuitán. Dort wurden bei Auseinandersetzungen um ein hundert Hektar großes Landstück zwölf Campesinos ermordet und 20 verletzt. Die Kämpfe waren ausgebrochen, als Sympathisanten der Staatspartei PRI Angehörige der oppositionellen Sozialistischen Arbeiterpartei daran hindern wollten, das Land zu besetzen.

Amnesty International
in „pogrom", 1985

Flüchtlinge aus Guatemala in mexikanischem Lager.

Auch im benachbarten Guatemala führt die dortige Regierung seit längerem einen Krieg gegen das eigene Volk. Die Maya stellen in Guatemala die Masse der Bevölkerung. Ein großer Teil von ihnen lebt am Rande des Existenzminimums. Das Pochen der Indianer auf ihre Rechte und Selbstbestimmung – besonders die gerechte Verteilung der Ländereien wird nachdrücklich gefordert – hat eine mehr als eindeutige Reaktion der Regierung zur Folge. Das Resultat ist eine Massenflucht der Menschen in das benachbarte Chiapas.

Seit 1981 haben Zehntausende Guatemalteken in Mexiko Zuflucht gesucht, um den von der Armee ihres Landes verübten Massakern zu entgehen. Es ist dies nicht das erste Mal: Das gleiche ereignete sich während der liberalen Revolution im vergangenen Jahrhundert und nach dem Sturz der demokratischen Regierung von Oberst Jacobo Arbenz im Juni 1954. Nie zuvor jedoch hat die Zahl der Flüchtlinge solche Ausmaße angenommen.

Unter dem Vorwand, gegen die Subversion zu kämpfen, verfolgen die guatemaltekischen Militärs die Flüchtlinge bis auf mexikanisches Territorium. Nach tagelangem – manchmal sogar wochenlangem – Herumirren im tropischen Regenwald gelangen die meisten zu einem jener Lager, die die mexikanischen Behörden mit der Hilfe des UN-Flüchtlingskommissariats (UNHCR) angelegt haben.

Bis jetzt befinden sich diese Lager im mexikanischen Bundesstaat Chiapas, der an Guatemala angrenzt. Es gab sie in Comitan, Comalapa, La Trinitaria, Marqués de Comillas, an den Seen von Montebello und entlang des Lacantun-Flusses. Die größten lagen mitten im Regenwald und waren nur mit Booten oder Flugzeugen zu erreichen, was enorme Versorgungsprobleme zur Folge hatte. Die etwa 46 000 registrierten Flüchtlinge kommen aus den Provinzen, die von der Repression am härtesten betroffen sind: Huéhuétenango, San Marcos, Quiché. Sie sind alle Indianer: Kanjobal, Chuj, Mam, Quiché. Bis vor wenigen Monaten kamen ganze Dorfgemeinschaften in die Flüchtlingslager, heute gelingt es nur noch vereinzelten Familien, die Grenze zu überwinden. Massaker und Verfolgung sind in Guatemala immer noch an der Tagesordnung, aber es wird immer schwieriger, nach Chiapas zu kommen: Das Militär bewacht die Grenze, und auf mexikanischer Seite sind die Kontrollen verschärft worden.

Als die mexikanische Regierung am 29. April 1984 entschied, die Flüchtlingslager in den Bundesstaat Campeche zu verlegen, bezweckte sie damit, die Guatemalteken davon abzuhalten, in Mexiko Schutz zu suchen. Als offizieller Vorwand diente die Notwendigkeit, die Lager für die verschiedenen Hilfsdienste zugänglicher zu machen und die Sicherheit der Flüchtlinge vor den zahlreichen Überfällen der guatemaltekischen Armee zu garantieren. Die Verlegung der Flüchtlingslager erlaubt aber in Wirklichkeit eine bessere Kontrolle der Grenze und ist zweifellos eine Geste des guten Willens gegenüber der guatemaltekischen Regierung, die die Flüchtlingslager als Schlupfwinkel der Guerilla ansieht. Guatemala hat dann auch direkt seine Zustimmung erklärt, und die Ankunft der Flüchtlinge wird in Zukunft unbemerkter vor sich gehen. Das Image Guatemalas im Ausland, vor allem in den Vereinigten Staaten, deren Militärhilfe weiterhin an die Respektierung der Menschenrechte gebunden ist, soll verbessert werden.

Für künftige Flüchtlinge wird es sehr schwer sein, die neuen Lager zu erreichen. Zwar grenzt auch Campeche an Guatemala, aber an die Provinz Petén, die sehr schwach bevölkert und nur mühsam zu durchqueren ist. Die Anzahl der Flüchtlinge wird also auf den ersten Blick nicht steigen, und die Zahl der in Flüchtlingslagern Untergebrachten wird sich stabilisieren – zumindest in den offiziellen Statistiken, denn es ist leicht vorherzusehen, daß die Neuankömmlinge sich heimlich unter die örtliche Bevölkerung mischen und ihre Arbeitskraft zu Spottpreisen in Mexiko verkaufen, wie es bereits im Soconusco in Tapachula der Fall ist.

Marie Chantal Barre
in *„pogrom"*, 1985

Eine andere, aber nicht weniger wirkungsvolle Form der Zerstörung kultureller Identität und Autonomie zeigt die Geschichte der Lacandon-Indianer, die im tropischen Regenwald im Süden Mexikos um den Fluß Usumacinta leben.

Die frühesten Reisenden wie Alfred Percival Maudslay, Karl Sapper und Teobert Maler beschreiben uns die Lakandonen als in materieller Ausrüstung und technischen Mitteln wahrhaft steinzeitliche Menschen. Ihre Häuser sind einfache, viereckige Pfostenkonstruktionen, teils ohne Wände, aber mit bis fast zur Erde reichenden Blätterdächern. Männer wie Frauen tragen langes, offenes Haar und sind mit einer Tunika aus Rindenbast bekleidet. Mit Steinbeilen und Feuer rücken die Männer den Urwald-

---

Rodolfo Stavenhagen
Mexikanische Indianerpolitik

In Mexiko wird seit vielen Jahren eine indigenistische Politik verfolgt; die dafür zuständige Behörde ist das Nationale Indigenistische Institut INI. Die Ziele und Methoden der indigenistischen Politik Mexikos haben sich im Laufe der Jahre geändert, was vor allem auf Kritiken und Vorschläge indianischer Organisationen selbst zurückzuführen ist. Für das Überleben jeder ethnischen Gruppe der heutigen Welt ist die Lösung von drei grundlegenden Problemen notwendig: die Landfrage, die Sprach-, Kultur- und Bildungspolitik sowie die politische Partizipation und die Selbstbestimmung der indigenen Völker. Die indigenistische Politik Mexikos hat sich, mit unterschiedlichen Ergebnissen, mit jedem dieser drei Probleme befaßt.

Das Landproblem ist ein Grundelement für die Bestimmung der Menschenrechte der indigenen Völker.

Land ist für die indigenen Völker nicht nur einfach ein Produktionsmittel oder ein Tauschwert. Land bedeutet Territorium, bedeutet Identität, ist ein Teil der sozialen Organisation und ist von gefühlsmäßigen, kulturellen, sozialen, philosophischen und religiösen Werten geprägt. Das Landproblem der indigenen Völker bedarf deshalb einer besonderen Berücksichtigung.

Darüberhinaus gibt es Probleme bei der Definition der indigenen Völker. Jede zutreffende Definition indigener Bevölkerungen muß sowohl objektive wie auch subjektive Kriterien beinhalten. Die Eigendefinition der indigenen Völker selbst ist dabei von grundlegender Bedeutung. Zurückgewiesen werden aber müssen Definitionen, die Behörden zu Verwaltungszwecken benutzen, ohne die Bedürfnisse und Interessen der indigenen Völker in Betracht zu ziehen. Zum Beispiel haben in Lateinamerika jahrzehntelang Gesetze und Verordnungen und auch Volkszählungen die Existenz indianischer Bevölkerung nicht zur Kenntnis genommen oder sie, falls doch, diskriminierend behandelt. Jede objektive, unparteiische Definition muß aber die soziale und kulturelle Wirklichkeit des jeweiligen Landes widerspiegeln.

Auszüge aus einer Rede vor der UN—Menschenrechtskommission in Genf am 2. August 1984.
Rodolfo Stavenhagen ist Professor für Soziologie am Colegio de México in Mexiko-Stadt und war als Beobachter für die mexikanische Regierung in Genf.

Aus dem Spanischen von Ulrike Woltschendorf.

bäumen zu Leibe, sei es, daß sie eine Lichtung für ein Maisfeld anlegen oder einen Einbaum für den Verkehr auf Flüssen und Seen herstellen wollen. Als Waffen für die Jagd benützen sie Bogen und Pfeil, diese sehr sorgfältig gefertigt und mit Steinspitzen versehen. Dem überraschten und vielleicht auch in romantischen Ursprünglichkeitsvorstellungen befangenen Beobachter mögen die Lakandonen als in ihrer Lebensweise unverändert beharrende Nachkommen der klassischen Maya, der Erbauer der dort so zahlreichen Tempelstädte, vorgekommen sein. Dieser Eindruck aber trügt! Nicht nur die vermutlichen Vorfahren der Lakandonen in frühkolonialer Zeit waren wenigstens zum Teil im Besitz vollkommenerer und anspruchsvoller technischer Mittel, sondern selbst die klassischen Maya hatten mit ihren Steinbauten, ihrer plastischen Kunst und ihrem Körperschmuck einen höheren Standard erreicht, als ihn die Lakandonen des 19. Jahrhunderts repräsentierten. Es bleibt als Erklärung für die Kultur der Lakandonen dann nur noch der theoretische Begriff der Dekulturation, d. h. der kulturellen Verarmung.

Der gelegentliche Kontakt mit Holzfällern und Archäologen brachte schnelle und nachhaltige Veränderungen für die Lakandonen mit sich. So lernten sie sehr bald metallene Äxte und Macheten schätzen und waren bedacht, diese regelmäßig gegen Tabak und andere Produkte aus eigenem Anbau einzutauschen. Auch Gewehre hielten bald Einzug bei ihnen, konnten aber lange Zeit Bogen und Pfeil als Jagdwaffe nicht völlig verdrängen. Wie immer bei ersten Kontakten kleiner, isolierter Gruppen mit der Außenwelt folgten bald Infektionskrankheiten, unter ihnen Pocken, Grippe und Erkältungen, an denen offenbar viele Lakandonen in Ermangelung genügender Immunität starben. Zu den Krankheiten gesellten sich als Folge des ersten Kontaktes gewaltsame Übergriffe der Holzfäller und darunter immer wieder Plünderungen der Maisfelder. Die meisten Lakandonen zogen sich daher von den großen Strömen Usumacinta, Pasión und Lacantún an deren weniger zugängliche Quellflüsse in die nach ihnen genannte Selva Lacandona zurück. Hier blieben sie vorerst ungestört. Denn als die Nachfrage an Hart- und Edelhölzern auf dem Weltmarkt nach dem Ersten Weltkrieg zurückging und sich die Weltwirtschaftskrise anbahnte, machten die beiden größten Holzfirmen bankrott, und für einige Zeit blieben die Urwälder von Fremden unberührt. Während des Zweiten Weltkriegs begann für die Lakandonen eine erneute Phase des Kontaktes mit der Außenwelt. Chicleros drangen nun auch in die Rückzugsgebiete südlich des Usumacinta vor, und die Edelholzausbeutung begann von neuem. Durch die am Anfang des Jahrhunderts verfaßte grundlegende ethnologische Studie über die Lakandonen von Alfred Marston Tozzer wurden diesmal nicht in erster Linie Archäologen angeregt. Vor allem nahmen Fachethnologen und ethnologische Dilettanten die Öffnung der Selva zum Anlaß, sich unter der Führung von Chicleros und Holzsuchern dem Urwald anzuvertrauen. Die Entdeckung der Fresken von Bonampak im Jahre 1946 war

unmittelbarer Anlaß für das Bekanntwerden der Lakandonen und anschließende vermehrte Besuche bei ihnen. Waren schon bei der Entdeckung der Fresken Lakandonen als Führer beteiligt, so gerieten sie im Rahmen der Veröffentlichungen dieser archäologischen Sensation oft unter der Titulierung „direkte Nachfahren der Schöpfer dieser Wandgemälde" mit in den publizistischen Sog. So haben seither die Teilnehmer der nicht abbrechenden touristischen und wissenschaftlichen Expeditionen nach Bonampak ihr Augenmerk auch immer auf die dortigen Lakandonen gerichtet.

B. Riese:
„Geschichte der Maya"

Auch für die Wissenschaft sind die Lacandonen ein „ideales" Objekt. 1950 – 68 wurden zu ihnen zehn größere völkerkundliche oder linguistische Forschungsexpeditionen unternommen, im Durchschnitt also alle 22 Monate. Bei nur 250 Lacandonen kann man sich ausrechnen, wie oft der durchschnittliche Lacandone schon als Untersuchungsgegenstand diente. Hinzu kommen genetische Forschungen: Eine mexikanische wissenschaftliche Institution bildet ihren Nachwuchs durch regelmäßige Praktika bei den Lacandonen aus (z.B. 1962 – 70 etwa 15 genetische Forschungspraktika, also rund zwei pro Jahr), bei denen immer wieder genetische Tests, wie etwa das Abzapfen von Blut zu Untersuchungszwecken, vorgenommen werden. Selbstverständlich wurden auch die Gebisse der Lacandonen von Zahnforschern mehrfach gründlich untersucht.

Die Zahl der Lacandonen ist von 5 000 im 17. Jahrhundert auf 250 im Jahre 1968 zurückgegangen.

Die Periode der „Unberührtheit", in welcher der Indianer zur Domäne von Wissenschaftstourismus und Tourismuswissenschaft werden, scheint heute wieder von einer Periode direkter Kontakte mit der umwohnenden Bevölkerung abgelöst zu werden, die durch Bevölkerungsexplosion und sozio-ökologische Probleme ins Gebiet der Lacandonen getrieben wird. Der französische Wissenschaftler Jacques Soustelle beschreibt in „Les Quatre Soleils" (Paris 1967) die heutige Lage der Lacandonen: „Ihr Wald wird durchdrungen von einem jedes Jahr dichteren Strom von Indianern aus den Gebieten von Ocosingo, Yajalón und Bachajón, die neues und noch nicht bearbeitetes Land suchen. Diese Indianer, Maya auch sie, die aber andere Dialekte sprechen und oberflächlich christianisiert sind, verlassen ihre eigenen, durch die Erosion steril gewordenen Felder, und beginnen, den Dschungel zu roden. Andererseits scheint die Ausbeutung des Acajú-Holzes, die vor über 30 Jahren unterbrochen wurde, wieder aufgenommen zu werden: Eine Kompanie hat ihr Holzsägewerk zwischen dem Usumacinta und den Hügeln des Monte Libano errichtet. Schließlich bemüht sich in der Gegend von Lacanha nahe Bonampak, wo eine kleine Flugzeug-Landepiste liegt, ein Missionar darum, die Lacandonen zu bekehren. Angesichts dieser vielfältigen Invasion haben sich einige kleine Gruppen in Richtung auf den Metsaboc-See zurückgezogen, andere leisten noch im Südwesten bei Naháh Widerstand. Wieder andere sind zerstreut worden. Etwa 50 Indianer in der Gegend von Bonampak haben die eingeborene Religion aufgegeben und erklären sich zu Protestanten. Sie tragen europäische Kleidung, schneiden sich die Haare (...) und stellen Bögen und Pfeile nur noch zum Verkauf an Touristen, die die Ruinen besuchen kommen, her. Sie haben sogar Transistorradios."

M. Münzel: *„Lacandonen"*

Heutzutage sind auch die allerletzten Rückzugswinkel dem Tourismus zum Opfer gefallen. Relativ bequem erreicht der Bildungsreisende auf ausgebauten Dschungelpisten oder mit dem Flugzeug die Siedlungen der Lacandonen. Kleine Souvenirläden versorgen ihn hier mit dem Notwendigsten. In Reiseführern über Mexiko kann man den guten Ratschlag nachlesen, auf das Mitbringen von Alkohol zu verzichten und statt dessen doch lieber nützliche Mitbringsel wie Feuerzeuge und Taschenmesser unter den Indianern zu verteilen. Kaum ein anderes indianisches Volk gelangte zu solch traurigem Ruhm. Die Lacandonen selbst sind zu reinen Schauobjekten degradiert, ihre Portraits finden sich auf Abertausenden von Postkarten, ihre Popularität entspricht durchaus der von Stars in unserer modernen Mediengesellschaft.

Die orale und materielle Tradition der Lacandonen ist heute bereits in unzähligen Publikationen und einigen Museen konserviert. Nicht konserviert werden aber kann der Lebensraum dieser Menschen, die Regenwälder Mexikos. Über Generationen hinweg lebten die Lacandonen hier in Harmonie mit ihrer Umwelt.

Letztlich sind es auch die immer weiter wachsenden Bedürfnisse unserer Wohlstandsgesellschaft, die es nie gelernt hat, mit ihrer Umwelt zu leben, sondern vielmehr ausschließlich von ihr lebt. Damit trägt sie ihren Teil zur Zerstörung nicht nur der Urwälder Zentralamerikas bei.

In mancher Beziehung können auch wir von den Lacandonen lernen. Für sie sind der Wald, in dem sie leben, und die Pflanzen und Tiere darin heilig. Der tiefe Respekt im Umgang mit der Schöpfung prägt den Alltag dieser Menschen. Hoffen wir, daß die folgende Prophezeiung der Lacandonen sich nie erfüllen wird:

„Es wird das Ende der Welt kommen. So erzählte man, so sagt man. Es wird unser Ende kommen, wenn es keine Bäume mehr gibt, dann, wenn sie alle gefällt sind, wenn es überall Menschen gibt, wenn es keinen Wald mehr gibt. So heißt es, so sagt man, so erzählten es die Habo. So sagten sie:

Kaxon bake xen, so sei es denn, denn es ist wahr, so heißt es, wenn der ganze Wald voller Menschen ist, wenn der ganze Wald voller Kah, der Menschen, die eng zusammenwohnen, ist und alle Bäume gefällt sind, wenn es keine Mahagoni-Bäume mehr gibt, wenn alle Bäume dahin sind, gefällt sind und nur noch die Berge daliegen, dann kommt das Ende der Welt. Jetzt noch nicht, aber bald ist es soweit. Dann wird uns das Ende erreichen. So sagt man. Dann kommt das Ende für uns. Nichts wird da bleiben von uns."

C. Raetsch: *„Ein Kosmos im Regenwald"*

172 ZEUGNISSE UND DOKUMENTE

	Maya-Gebiet		Hochland von Mexiko	Golfküste
	Zentralgebiet	Yucatán		

Jahr	Periode		Zentralgebiet	Yucatán	Hochland von Mexiko	Golfküste
1700			Kolonialzeit 1521–1821			
1500	Nachklassik	Spät		Tulum	↑ ↑ ↑	↑
1300				Mayapán	Azteken	El Tajin
				Labná	Mitla	
1100		Früh		Chichén Itzá	Tolteken Mixteken Yagúl	Totonaken
				Uxmal		
900	Klassik	Spät	Quiriguá		Zapoteken	
700			Palenque			
			Piedras Negras			
500		Früh	Copán		Monte Alban	Teotihuacán
			Tikal			
300			Bonampak			
nach Chr. 100						
vor Chr. 100				Edzná		
300	Praeklassik	Spät	Uaxactún	Dzibilchaltún		
500						Olmeken — Tres Zapotes
700						La Venta
900						
1100		Mittel			Cuicuilco	
1300					Tlatilco	San Lorenzo
1500						
1700			Cuello			
1900					Zacatenco	
2100		Früh		Loltun-Höhle		
2300						
2500			Richmond Hill (Belize)			
	Archaikum					

Völker und Kulturen des Alten Amerika.

Unsere Kenntnisse über die Besiedlung des amerikanischen Doppelkontinents sind noch äußerst lückenhaft. Als gesichert gilt lediglich, daß die ersten Einwanderer den Weg von Norden über die heutige Beringstraße, die Amerika und Asien miteinander verbindet, nahmen. Passierbar war diese während der letzten Eiszeit, als die Wassermassen der Weltmeere zum Teil in riesigen Gletschern gebunden waren, was eine Absenkung des Meeresspiegels zur Folge hatte. Es entstand eine Landbrücke zwischen Asien und Nordamerika. Hatte man die Besiedlung zunächst auf den Zeitraum vor 23 000 – 18 000 Jahren angesetzt, zwangen die neu gewonnenen Erkenntnisse der vergangenen Jahrzehnte, die Erstbesiedlung auf die Zeit vor 60 000 – 50 000 Jahren vorzuverlegen. Neueste Funde in Südamerika deuten sogar darauf hin, daß bereits in noch früherer Zeit Menschen den amerikanischen Kontinent betreten haben müssen.

Die Landnahme Amerikas war jedoch sicherlich kein einmaliges Ereignis, vielmehr erfolgte die Besiedlung schubweise, wobei von Norden kommende Gruppen die bereits ansässigen nach Süden hin abdrängten. Die einzigartige sprachliche Vielfalt des heutigen Amerika – an die 600 indianische Sprachen in 125 Sprachfamilien sind unterscheidbar – läßt darauf schließen, daß die Einwanderer von vornherein bereits verschiedenen Rassen, Lebensformen und Sprachen angehörten.

Der Erforschung des prähistorischen Amerika mangelt es jedoch an einer klaren Datierungsgrundlage, die eine lückenlose Rekonstruktion der amerikanischen Ur- und Frühgeschichte erlaubt. Zu den ältesten Bodenfunden gehören steinerne Speerspitzen und Messer, offensichtlich Hinterlassenschaften einer frühen Bevölkerung von Jägern, wie auch die sogenannten „Jagdfriedhöfe" und eine Vielzahl von Abfallhaufen zeigen, in denen u. a. die Knochen einer inzwischen ausgestorbenen Bisonart und des Mammuts gefunden wurden. Typologisch lassen sich diese Erzeugnisse menschlicher Tätigkeit grob in drei zeitlich aufeinanderfolgende und nach ihren Erstfundorten benannte Stile namens Sandia, Folsom und Clovis einteilen. Das Alter des ältesten Fundes im Hochland von Guatemala, einer Steinspitze des Clovis-Typs nebst einigen organischen Artefakten, konnte auf 10 000 Jahre datiert werden. Damit verstärkt sich die Gewißheit, daß das gesamte Maya-Gebiet seit dem Ende der letzten Eiszeit vor ca. 10 000 Jahren kontinuierlich besiedelt ist. Für den gesamten mexikanischen Raum ist es wahrscheinlich, daß hier bereits vor 20 000 Jahren Menschen gelebt haben.

Auffallend ist die in der Folgezeit auftretende große Diskrepanz im Entwicklungsrhythmus der indianischen Kulturen. Während Amerika in weiten Bereichen der Kontinent der Jäger und Sammler blieb, beschränkten sich die Gebiete der sogenannten „Hochkulturen" auf den Andenraum in Südamerika sowie den mittelamerikanischen Raum mit dem Zentrum Mexiko und Guatemala nebst Teilen von Honduras und Nicaragua. Der Erklärungsversuch für die unterschiedliche wirtschaftliche Entfaltung scheitert bereits an den grundsätzlich verschiedenen naturräumlichen Voraussetzungen, zumal der Weg vom Wildbeutertum zu einer urbanen Kultur nicht in einem einzigen Schritt vollzogen werden kann.

Eine entscheidende Etappe auf diesem Weg ist zweifellos die Nutzbarmachung von Wildpflanzen, verbunden mit der Entwicklung des Bodenbaus und damit des Übergangs zur seßhaften Lebensweise. Grabungen im mexikanischen Bundesstaat Puebla beweisen, daß in Mexiko bereits um 2500 v. Chr. Mais mit wenige Zentimeter langen Kolben, der seinem Vorfahren, dem Wildgras Teosinte, noch ausgesprochen ähnlich ist, angebaut wurde. Die Umstellung der Wirtschaftsweise vom Wildbeutertum zum Bodenbau hat – einhergehend mit der damit verbundenen Änderung der Lebensweise – eine tiefgehende Umwälzung der gesellschaftlichen Strukturen zur Folge, mit dem Resultat einer völlig neuen sozialen Differenzierung der betroffenen Gruppen. Vereinfacht bedeutet dies, daß sich die Gemeinschaft auf Grund der Produktion von Überschuß nun auch Spezialisten leisten kann, was zur Ausbildung des Handwerkertums führt. Der vorkeramischen Pflanzerkultur folgen alsbald die Anfänge der zuvor unbekannten Töpferei und Weberei. In der Loltun-Höhle von Yucatán konnte das Ende der vorkeramischen Zeit auf die Zeit um etwa 2300 v. Chr. bestimmt werden.

Auf der Grundlage solcher Basiskulturen ist die weitere Entwicklung der archaischen Kulturen bis hin zu den „großen Kulturen" denkbar. Die für das Maya-Gebiet bereits angesprochene lange und kontinuierliche Besiedlung dürfte den dort lebenden Menschen allmählich die Möglichkeit gegeben haben, sich die wirtschaftlichen und technischen Voraussetzungen der Zivilisation anzueignen. Rätselhaft bleibt, daß besonders im mexikanischen Raum plötzlich hochentwickelte Kulturen ohne greifbare archäologische Vorläufer auftreten, so die Olmeken an der Golfküste mit ihren charakteristischen, steinernen Kolossalköpfen, deren Kultur auf ebenso geheimnisvolle Weise scheinbar wieder verschwindet. So lückenhaft das Wissen über die Olmeken auch ist, kann es jedoch als gesichert angesehen werden, daß ihr Einfluß auf das gesamte Mexiko ausstrahlte. Auf ihren Vorleistungen fußten die Schrift und das Kalendersystem, letzteres ein gemeinsames kulturelles Erbe der Völker Zentralamerikas.

Die ungeheure Dynamik der kulturellen Entwicklung Mexikos, das „Auf und Ab" der Völker wurde durch die Ankunft der Europäer jäh unterbrochen. Die großartigen Pyramiden der Metropole Teotihuacán, das zapotekische Monte Alban und Tula, die Hauptstadt der einst so mächtigen Tolteken, waren zu diesem Zeitpunkt bereits Ruinen. Auch die Azteken, die erst knapp 200 Jahre zuvor die Bühne der Weltgeschichte betreten hatten, wußten nichts von den Erbauern dieser Tempel – genau wie die Maya nicht mehr wußten, wer die Monumente im Urwald errichtet hatte.

Wolfgang Funke

Glossar

Camera lucida (lat. = helle Kammer): Durch Prismen und Spiegel werden Lichtstrahlen, die von einem Gegenstand kommen, so abgelenkt und auf eine Fläche projiziert, daß sie ein müheloses Abzeichnen ermöglichen. So können z. B. Landschaftsausschnitte und Architekturen ohne starke Proportionsverzerrungen abgezeichnet werden.

Codex (Singular)/**Codices** (Plural): Zunächst die Buchform der Spätantike und des Mittelalters, die aus mehreren Pergament- oder Papierblättern bestand. Später wurde der Begriff dann auf die Texte selbst ausgeweitet.

Galeere: Durch Ruderer angetriebenes Mittelmeerschiff, das zusätzlich zwei Masten mit Segeln hatte. Die Galeere fand von der Antike bis zur frühen Neuzeit als Kriegsschiff Verwendung, bevor sie von der wendigeren und hochseetüchtigen Galeone abgelöst wurde.

Glyphe/Hieroglyphe (griech. glyphein = ausmeißeln, eingravieren): In Stein oder Holz geschnittene Zeichen oder Symbole.

Goodman-Martinéz-Thompson-Korrelation: Mit dieser Methode gelang es, den Maya-Kalender mit der christlichen Zeitrechnung vergleichbar zu machen. Die Goodman-Martinéz-Thompson-Korrelation setzt den 14. November 1539 mit dem Maya-Datum 11. 16. 0. 0. 0. gleich. Das älteste auf der Stele 29 von Tikal fixierte Maya-Datum konnte auf den 6. Juli 292 n.Chr. festgelegt werden.

Jade: Ein besonders hartes und dichtes Mineral mit typischer grüner Färbung, dem die Lichtbrechung einen besonderen Reiz gibt. In China wurde Jade bereits im 2. Jahrtausend v. Chr., in Mesoamerika im frühen 1. Jahrtausend v. Chr. verarbeitet. Wegen der außergewöhnlichen Farbe und der großen Härte, die eine Bearbeitung des Steins sehr kompliziert, galt Jade schon immer als besonders kostbar.

Piroge: Ein aus dem Einbaum entwickeltes Plankenboot.

Theokratie (griech. = Gottesherrschaft): Staatsform, in der die Religion die Regierungsgeschäfte bestimmt. Die Macht liegt entweder in den Händen einer Einzelperson oder einer Priesterkaste.

Vara: Alte spanisch-portugiesische Längeneinheit. Eine Vara entsprach in Spanien 0,836 m, in Portugal 1,10 m.

Zinnober: Ein meist rotes Mineral (HgS). Zinnober wurde vor der Einführung der synthetischen Farbstoffe vor allem in der Kunstmalerei verwendet. Im Mittelalter wurde Zinnober aus Quecksilber (Hg) und Schwefel (S) hergestellt.

Kleine Auswahl der weiterführenden Literatur

Thompson, J. E.: Die Maya. München 1968

Trimborn, Hermann: Das alte Amerika. Stuttgart 1959

Coe, Michael: Die Maya. Bergisch Gladbach 1968

Westphal, Wilfried: Die Maya. München 1986

Biedermann, Hans: Altmexikos heilige Bücher. Graz 1971

Ritterhaus, Daisy: Der Gott Federschlange und sein Reich. Freiburg 1982

Denkwürdigkeiten des Hauptmanns Bernal Diaz del Castillo oder Wahrhafte Geschichte der Entdeckung und Eroberung von Neuspanien (Mexiko). Stuttgart 1965

Riese, Berthold: Geschichte der Maya. Stuttgart

Kirchpatrick, F. A.: Die spanischen Conquistadoren. München 1962

Konetzke, R.: Entdecker und Eroberer Amerikas. Von C. Kolumbus bis Hernán Cortés. Frankfurt 1963

Müller, W.: Kleine Geschichte der altamerikanischen Kunst. Die Hochkulturen Mittel- und Südamerikas. Köln 1980

Gentrop, Paul/Heyden, Doris: Weltgeschichte der Architektur. Mittelamerika – Die alten Kulturen. Stuttgart 1988

Kurbjuhn, Kornelia: Maya – The Complete of Glyph Reading. Kassel 1989

Gockel, Wolfgang: Die Geschichte einer Maya Dynastie. Entzifferung klassischer Maya-Hieroglyphen am Beispiel der Inschriften von Palenque.

Aretz, Jürgen/May, Rüdiger: Zentralamerika in der Krise. München 1985

Westphal, Wilfried: Krisenherd Mittelamerika. Versklavung und Befreiung. Berlin 1982

Verwendete Literatur

David Stuart und Stephen D. Houston: Die Maya-Schrift. © Spektrum der Wissenschaft, Oktober 1989

Chactun – Die Götter der Maya, DG 57, Hrsg. Christian Rätsch, erschienen im Eugen Diederichs Verlag. © Eugen Diederichs Verlag, München 1986

W. Lindig und M. Münzel: Die Indianer, Band 2. © 1985 Deutscher Taschenbuch Verlag, München

F. Anders: Das Pantheon der Maya. © Akademische Druck- und Verlagsanstalt Graz 1963

Marianne Gabriel: Kreuzkult und Kastenkrieg, aus: Pogrom Mexiko. © Gesellschaft für bedrohte Völker, Göttingen

ANMERKUNGEN

Herbert Wilhelmy: Zerstörte Lebensform, aus: Welt und Umwelt der Maya. © R. Piper GmbH & Co. KG., München 1989

Mexiko Koordinationsgruppe: Amnesty International – Menschenrechtsverletzungen, aus: Pogrom Mexiko, a. a. O.

Marie Chantal Barre: Pogrom Mexiko, a. a. O.

Rodolfo Stevenhagen: Mexikanische Indianerpolitik, aus: Pogrom Mexiko, a. a. O.

Berthold Riese: Die Lakandonen 1870 bis 1968 und Die Quellen. © beim Autor

M. Münzel: Die Lacandonen-Nachkommen der Maya, aus: Lacandonen von Josef Mayer. Lacandonen, Ausstellungskatalog des Museums für Völkerkunde Frankfurt am Main 1977/78

Ein Kosmos im Regenwald. Mythen und Visionen der Lakandonen-Indianer (Diederichs Gelbe Reihe, 48). © Eugen Diederichs Verlag München 1984

Bildnachweise

Umschlag
Vorderseite: Tulúm – Das „Castillo" unter Pflanzen wiederentdeckt. Lithographie in: F. Catherwood, Views of Ancient Monuments of Central Amerika, Chiapas and Yucatán, 1844.

Buchrücken: Kopie eines Freskos von Palenque. Zeichnung in: Waldeck, „Voyage pittoresque et archéologique", 1838.

Rückseite: Scheibe von Chincultic. Markierungszeichen eines Ballspielfeldes. Mexico, Museo Nacional de Antropologia.

Bildvorspann
1 Maudslay bei der Arbeit. Foto in: A. P. Maudslay, Biologia Centrali-Americana Archeology, 1889–1902.
2 Das Lager der Mannschaft Maudslays in Quirigua. Ebd.
3 Die Stelen B und C auf dem großen Platz von Copán. Ebd.
4/5 Westhof des Palastes von Palenque. Ebd.
6 Osthof des Palastes von Palenque. Ebd.
7 Sonnentempel in Palenque. Ebd.
8/9 Das „Castillo" von Chichén Itzá. Ebd.
11 Würdenträger. Kleine Statue aus Keramik aus dem mexikanischen Bundesstaat Campeche. Washington, Dumbarton Oaks.

Erstes Kapitel
12 Juan de Grijalva – Landung in der Provinz Tabasco, wo er vom Kaziken empfangen wird. Gemälde auf Kupfer, Ende 18. Jh., nach A. Solis. Madrid, Museo de America.
13 Christoph Kolumbus empfängt Geschenke des Kaziken Quacandgan in Hispaniola (= Haiti). Stich in: Théodore de Bry, Americae pars IV, 1894.

14 Christoph Kolumbus. Portrait eines unbekannten Malers, 16. Jh. Paris, Musée des arts africains et océaniens.
15 Die Conquistadores beim Fischen werden von aztekischen Kundschaftern beobachtet. Miniatur in: Diego Duran, Historia de las Indias, 1579. Madrid, Nationalbibliothek.
16 Portrait von Hernández de Córdoba, Stich.
17 Scheibe aus Gold mit der Darstellung eines Menschenopfers durch das Herausziehen des Herzens. Nachklassische Periode. Cambridge, Ma., Peabody Museum.
18 Hernán Cortés. Gemälde eines unbekannten Malers. Privatsammlung.
18 (unten) Moctezuma wird am Tag seiner Wahl angekleidet. Miniatur in: Diego Duran, a. a. O.
19 Diego Velasques, Gouverneur von Kuba, gibt Cortés das Kommando über die Expedition, die Mexiko entdeckt. Gemälde auf Kupfer, Ende 18. Jh., nach A. Solis. Madrid, Museo de America.
20/21 (unten) Pater Bartolomeo de Olmeda nimmt an der Expedition von Cortés teil und segnet die Seeleute. Ebd.
21 (oben) Portrait des Diego de Landa. Stich.
22 Schlacht zwischen Azteken und Spaniern. Miniatur in: Diego Duran, a. a. O.
23 Indianische Träger helfen den Spaniern. Ebd.
24/25 (unten) Cortés triumphierend auf seinem Pferd. Gemälde auf Kupfer, Ende 18. Jh., nach A. Solis. Madrid, Museo de America.
25 Marschroute von Cortés bei seiner Eroberung Mexikos. Mexiko, Museum der Naturgeschichte.
26 Ein spanischer Soldat während der ersten Kämpfe gegen die Indianer von Tabasco. Gemälde auf Kupfer, Ende 18. Jh., nach A. Solis. Madrid, Museo de America.
27 Der Norden von Südamerika, Peru und Amazonas. Landkarte im „Atlas de Luis Lazaro", 1563. Lissabon, Akademie der Wissenschaften.
28/29 Pedro Alvarado stürzt während eines Kampfes gegen die Indianer vom Pferd und stirbt. Deutscher Stich, 16. Jh.

Zweites Kapitel
30 Malerische Ansicht des Hofes vom Palast von Palenque. Gemälde von Waldeck. Paris, Cabinet des Estampes, Bibl. Nat.
31 Die „ovale Tafel". Relief aus Stein aus Palenque. Ebd.
32/33 Zeichnungen der Bildhauerei und Architektur von Palenque. In: J. B. Muñoz, Expediente sobre le descubrimiento de una gran ciudad en la provincia de Chiapas, 1786. Paris, Société de Géographie.
33 (oben) Haupttafel des Sonnentempels von Palenque. Zeichnung von Linda Schele.
34/35 Wiederherstellung des Palastes von Palenque. Lithographie in: Dupaix, Antiquités mexicaines, 1834.
36/37 Stuckrelief auf einem Pfeiler des Gebäudes A im Palast von Palenque, gemalt von Almendariz

und gestochen von Waldeck. In: A. del Rio, Description of the Ruins of an Ancient City Discovered near Palenque, 1822.
37 (oben) Die „ovale Tafel" und der Thron des Palastes von Palenque. Lithographie nach einer Zeichnung von Castañeda, in: Dupaix, a.a.O.
37 (Mitte) Runder Grantistein, Denkmal aus Stein, Pilaster aus Palenque. Ebd.
38/39 Malerische Ansicht einer Brücke nahe bei Palenque. Ebd.
39 Kreisförmiger Grabhügel aus Chila. Ebd.
40 Stuckrelief eines der Pfeiler des Gebäudes D im Palast von Palenque. Zeichnung von Waldeck. Paris, Cabinet des Estampes, Bibl. Nat.
41 (links) Dass. Relief. Gemälde von Waldeck. Ebd.
41 (rechts) Dass. Relief. Lithographie nach Castañeda. In: Dupaix, a.a.O.
42 Portrait von Galindo. Gemälde. Paris, Société de Géographie.
42 (Mitte) Unterschrift von Galindo. Ebd.
42 (unten) Las Ventanas. Aquar. v. J. Galindo. Ebd.
43 Indianer aus Guatemala. Aquarelle von J. Galindo. Ebd.
44 Portrait von Waldeck. Foto. Chicago, Newberry Library.
45 Die Art, wie man in Yucatán reise. Lithographie in: Waldeck, Voyage pittoresque et archéologique, 1838.
46/47 Kreuztempel von Palenque. Gemälde von Waldeck. Paris, Cabinet des Estampes, Bibl. Nat.
48/49 Die Fassade des Palastes von Palenque. Gemälde von Waldeck. Ebd.
50/51 Fragmente kleiner Keramikfiguren aus Palenque. Ebd.
52 Flachrelief von Palenque und Profil eines Lacandonen aus Palenque im Vergleich. Zeichnung von Waldeck. Ebd.
53 Das schöne Relief des Tempels mit demselben Namen in Palenque. Ders. Ebd.
54 Teil einer Rekonstruktion des Tempels des Wahrsagers in Uxmal von Waldeck. Ebd.
55 Malerische Ansicht eines der Gebäude des Palastes von Palenque. Ebd.

Drittes Kapitel
56 Der Cenote von Bolonchen. Lithographie in: F. Catherwood, a.a.O.
57 Titelblatt. Ebd.
58 Portrait von Stephens. Stich von Catherwood in: Stephens, Incidents of Travel in Central America, Chiapas und Yucatán, 1851.
59 Fassade des Gouverneurpalastes in Uxmal. Lithographie in: F. Catherwood, a.a.O.
60/61 Die Pyramide von Kukulyn in Chichén Itzá. Ebd.
62/63 Der Torbogen von Labna. Ebd.
64/65 Stephens und Catherwood bei der Entdeckung von Tulum. Ebd.
66/67 Kopf des Itzamna in Izamal. Ebd.
68 Altar und Stele D von Copán. Ebd.
71 Brunnen und Konstr. von Sabachtsche. Ebd.

72 Faksimile des Dresdener Codex. In: Kingsborough, Antiquities of Mexico, Band III, 1831.
73 Faksimile des Dresdener Codex. Lithographie in: Humboldt, Ansicht der Kordilleren, 1810.
74/75 Blätter des Codex Peresianus. Paris, Bibl. Nat.
76 Portrait von Brasseur de Bourbourg. Paris, Bibliothèque du musée de l'Homme.
76 (unten) Titelseite des Popol Vuh, hrsg. von Brasseur de Bourbourg.
77 Frontispiz des Popol Vuh. Stich.
78/79 Details aus dem Codex Tro-Cortesiano. Madrid, Museo de America.
80/81 Karte der Maya-Stätten. Zeichnung von D. Thibault.

Viertes Kapitel
82 D. Charnay im tropischen Wald. Stich in: Charnay, Les anciennes villes du nouveau monde, 1885.
83 Scherenschnitt eines Fotografen des 19. Jh. Nonnenhof von Uxmal. Paris, Musée de l'Homme.
85 (oben) Das Castillo von Chichén Itzá. Foto in: D. Charnay, Cités et ruines américaines, 1863.
85 (unten) Nonnenhof von Uxmal. Ebd.
86 Portrait von D. Charnay. Stich in: Charnay, Les anciennes villes, a.a.O.
86 (unten) Obsthändlerinnen in Mérida. Ebd.
87 (links) Agave und Indianer, der daraus Pulque extrahiert. Ebd.
87 (rechts) Maya-Typen. Ebd.
88 Die Iglesia in Chichén Itzá. Foto in: D. Charnay, Cités, a.a.O.
89 Abgüsse von D. Charnay. Himmlische Schlangen auf der Fassade des Gouverneurspalastes in Uxmal und Chac Mol von Chichén Itzá. Paris, Musée de l'Homme.
90 Das Ehepaar Maudslay zu Pferd. Foto in: Maudslay, A Glimpse at Guatemala, 1899.
91 Die Durchquerung der Kordilleren. Stich in: Charnay, Les anciennes villes..., a.a.O.
92 (oben) Feldlager im Wald von Tikál. Foto in: Maudslay, A Glimpse, a.a.O.
92 (unten) Abguß von der Großen Schildkröte in Quirigua. Foto von Maudslay in: Maudslay, Biologia, a.a.O.
93 Die Große Schildkröte von Quirigua. Ebd.
94/95 Plan von Copán. Lithographie. Ebd.
97 Portrait von T. Maler. Paris, Gallimard.
98 Östliche Galerie des großen Palastes in Palenque. Foto in: T. Maler, Monuments anciens du Mexique. Paris, Cabinet des Estampes, Bibl. Nat.
98 T. Maler in Uxmal. Ebd.
99 Querschnitt durch die Pyramide und den Tempel v. Cháncala in: T. Maler, Bauten der Maya, 1871.

Fünftes Kapitel
100 Stele E von Quirigua. Foto von Maudslay in: Maudslay, Biologia, a.a.O.
101 Scheibe von Chincultic. Markierungszeichen eines Ballspielfeldes. Mexiko, Museo Nacional de Antropologia.

ANMERKUNGEN 179

102/103 (oben) Detail einer Tafel am Tempel der Inschriften von Palenque. Zeichnung von Waldeck. Paris, Cabinet des Estampes, Bibl. Nat.
102 (unten) Faksimile der Handschrift von Diego de Landa für sein Werk Relation des choses du Yucatán, veröffentlicht von Brasseur de Bourbourg, 1864.
103 (Mitte) Ebd.
103 (unten) Glyphe aus Palenque, gezeichnet von Almendariz und gedruckt von Waldeck in: A. del Rio, a.a.O.
104 Stele D von Quirigua. Detail einer Postkarte vom Beginn des 20. Jahrhunderts.
105 Faksimile eines Folios vom Codex Dresdensis. Chromolithographie von Förstemann, 1880.
106/107 Schlangen von den oberen Stufen aus Yaxchilan. Zeichn. in: Maudslay, Biologia, a.a.O.
106 (unten) Stilistische Variationen übas das Thema der Schlange. Zeichnungen von T. Proskouriakoff in: A Study of Maya Sculpture, 1950, koloriert von den Autoren.
108 (oben) Detail der Tafel des Palastes von Palenque. Foto: Gallimard, Paris.
108 (unten) Altar des Zoomorph O von Quirigua: Der verstorbene König im Moment, als er vom Erdungeheuer verschlungen wird. Zeichnung von W. Col in: Reports II, Philadelphia 1983.
109 Stele B von Copán. Zeichn. in: Maudslay, Biologia, a.a.O.
110/111 Uaxactun, Struktur E-VII-sub. Tuschezeichnung von T. Proskouriakoff, kolor. von P.-M. Valat.
112/113 Akropolis und der große Platz von Copán. Ebd.
114 Konstr. d. Tempels von Tikal. Tuschezeichn. von T. Proskouriakoff, koloriert von P.-M. Valat.
115 Der Tempel II von Tikal. Tuschezeichnung von T. Proskouriakoff, koloriert von P.-M. Valat.

Sechstes Kapitel
116 Detail der Südmauer des Teils I von Bonampak. Reproduktion von K. Grootenboer und F. Dávalos. Gainesville, Florida State Museum, University of Florida.
117 Tempel der Inschriften von Palenque. Foto: Explorer/Lenars.
118 Detail einer Malerei aus Bonampak. Foto: Artephot/Trella, Paris.
119 Reproduktion von Malereien des Teils II in Bonampak von A. Tejeda. Harvard University, Peabody Museum.
120 Stuckkopf, gefunden im Grab des Tempels der Inschriften von Palenque. Mexiko, Museo Nacional de Antropologia.
121 Deckel des Sarkophags des Grabes im Tempel der Inschriften von Palenque. Foto: Merle Greene Robertson.
122 Totenmaske aus Jade, Muschel und Obsidian. Grab im Tempel der Inschriften. Paris, Gallimard.
123 (oben) Statuette aus Jade. Ebd.
123 (unten) Sonnenmaske aus Jade. Ebd.
124 Glyphe Zahnschmerzen, umgeben von Affixen. Paris, Dagli-Orti.

125 (oben) Bunte Vase, spätklass. Periode. Mexiko, Museo Nacional de Antropologia.
125 (unten) Krieger. Detail einer bemalten Vase, aus der spätklass. Periode. Villahermosa, Regionalmuseum.
126/127 Gemäldetafel der Gesellschaftsstruktur der Maya. Aquarellzeichnung. Mexiko, Museo Nacional de Antropologia.

Zeugnisse und Dokumente
129 Tanzender Jaguar. Aus: Chactun – Die Götter der Maya. Eugen Diederichs Verlag 1986.
130 Einleitungsglyphe. Paris, Société de Géographie.
131 Die Inschrift... Aus: David Stuart und Stephen D. Houston, Die Maya-Schrift. © Spektrum der Wissenschaft, Oktober 1989.
132 Die Wahl..., aus: Die Maya-Schrift. Ebd.
135 Umzeichnung aus dem Popol Vuh (Codex Dresdensis). Gebr. Mann Verlag, Berlin.
136/137 Schiffsreise von Göttern und Tieren in einem Kanu. Zeichnung nach einem gravierten Knochen. Tikal, Museum.
139 Kan-Xul, König von Palenque, als Gefangener. Sandsteinstele aus Tonina. New York, American Museum of Natural History.
142 Schemat. Darstellung... Aus: J. E. S. Thompson, Die Maya. © 1968 Kindler Verlag, München.
144 Maya-Gott. Paris, Gallimard.
145 Sog. Leydener Platte aus Palenque. Zeichnung von Linda Schele. Paris, Société de Géographie.
146 Musiker bei einer religiösen Zeremonie. © Akademische Druck- und Verlagsanstalt Graz, 1963.
147 Maske des Regengottes Chac in Uxmal. Foto: W. Funke.
149 Gott E. Aus: Chactun, a.a.O.
150 Maya-Priester. Mexiko, Museo Nacional de Antropologia.
151 Gott G, der alte Sonnengott Kinich Ahan. Aus: Chactun a.a.O.
152 Kosmoloige. Aus: Chactun a.a.O.
154 Jesus, der Maisgott. Aus: Chactun a.a.O.
155 Ornament der Maya-Kunst. Paris, Gallimard.
156 Das „Heilige Kreuz". Foto: Pogrom Mexiko. © Gesellschaft für bedrohte Völker, Göttingen.
157 Versammlung der Tzotzil-Indianer in Chiapas. Paris, Explorer/Lourean.
159 Karneval in Juan Chamula. Paris, R. v. der Hilst.
160 Yucatek. Bauernhaus. Foto: W. Funke.
161 Straßenszene in San Cristóbal de Las Casas. Foto: W. Funke.
162 Lakandonen, Ausstellungskatalog d. Museums für Völkerkunde Frankfurt am Main 1977/78.
163 Markt in San Cristóbal. Foto: W. Funke.
165 Kaluzny/RBP, aus: Pogrom Mexiko. © Gesellschaft für bedrohte Völker, Göttingen.
169 Frau mit Kind. © Josef Mayer, Frankfurt.
172 Völker und Kulturen des Alten Amerika. Schema von W. Funke.
175 Foto von Hans-Jürgen Burkard. © Bilderberg Archiv der Fotografen, Hamburg.

Register

Abdrücke 96
Abenteurer 32
Acajú-Holz 170
Adel 125, 134 f., 138, 148
Adlige 119, 133
Agrarwirtschaft 158, 160
Aguacateken 161
Aguateca 131
Aguilar, G. de 16, 20
Ägypter 84
Ahau Can 148
ahau / ahaw 103, 132, 135
Algebra 140
Allographen 137
Almanach 75
Almendáriz, R. 50
Alphabet 103 f., 138
Alt-Amerikanismus 75
Alta Verapaz 163
Altar 68, 109
Alte Welt 43, 115, 127
Amerika 15, 24, 44, 50, 70, 86, 130, 153, 158, 173
Amerika-Gesellschaft 74
Amerikanisten 96
Amnesty International 164 f.
Andenraum 173
Anders, F. 147
Antillen 26
Arbenz, J. 165
Archäologie 38, 77, 94, 122, 135
Argensola, B. L. de 155
Ascensión, Bucht von 18
Asien 173
Astronomen 125, 141
Astronomie 148, 150
astronomische Berechnungen 104, 141
Augenumrahmung 151
Ausgrabungen 36, 99, 120 ff.
Australien 89
Autonomiebewegung 156
Avendao, Pater 26, 28 f.
Azteken 18 ff., 24 f., 29, 44, 76, 144, 148, 163 f., 174

Bachajón 170
Balchetrunk 149
Ballspiel 115, 136
Banditen 58, 86
Bauern 134, 153, 161
Bauerngemeinschaften 165
Baum-Steine 136
Belize 24, 156, 160 f.
Beringstraße 173
Berlin, H. 124, 130, 134
Bernasconi, A. 36
Berthoud, H. 50
Besiedlungsdauer 99
Bilderhandschriften, aztekische 78

Bildhaftigkeit 131
Bildhauerkunst 158
Blum, F. 155
Blutopfer 134
Bodenbau 174
Bogen und Pfeil 168
Bolonchen 57
Bonampak 117 ff., 124, 126 f., 168 ff.
Bourbourg, B. de 37, 49, 52, 75 ff., 102
Brandrodungsfeldbau 158, 160
Bürgerkrieg 58

Cakchiqueles 76, 163
Calderón, J. A. 36
Camera lucida 71
Campeche 26, 155, 160, 166
Campesinos 164 f.
Canek 24
Carnegie-Institution 94, 119
Castañeda, L. 35, 39, 41
Catherwood, F. 58 f., 61, 65, 67 f., 70, 72 f., 84, 94, 102
Cempoala 25
Cenotes 57, 156
Chac 25, 65, 147, 154
chacmool 89
Champotón 17 f.
Chan Bor 118
Chan Santa Cruz 156
Charnay, D. 83 ff., 93 ff.
Chartres 77
Chiapas 23 f., 32, 84, 90, 99, 117 ff., 155, 161, 163 ff.
Chichén Itzá 1, 9, 22, 61, 81, 85 ff., 89 f., 95, 120, 141
Chicleros 168
Chilam Balam 138 f., 149 f.
Cholula 25
Chontal 161
Chorti 154, 163
Choza 160
Christentum 26, 146, 153
Christianisierung 20, 73, 153
Chroniken 138 f.
Chuh 161, 166
Chumayel 138
Cichpam Colel 153
Clovis 173
coche 44
Cochrane, Lord 45
Codex *Chimalpopoca* 76
- *Cortesiano* 78
- *Dresdensis* 72, 74, 78 f., 104 f., 109, 146, 150 f.
- *Peresianus* 74, 78
- *Tro-Cortesianus* 75, 78, 152
- *Troano* 77 f.
Codices 78, 104 f., 107, 109, 133, 150 f.
Comalcalco 39, 89
Conquista 73, 76, 81, 138, 146, 157

Conquistadores 20, 29, 127, 163
Copán 1, 29, 42 f., 68, 94, 96, 99, 109, 115, 126
Cordoba, H. de 16 ff.
Cortés, H. 16, 18 ff., 22 ff., 28 f., 74, 78
Costa Rica 43
Cozumel 18 f., 65, 149
Cruzoob-Maya 156

Daguerre, L. J. 83 f.
Dämon 121
Datierungen 106
Datum 144
David, J. L. 50
Dekameter 65
Dekulturation 168
Delgado, Pater 26
Díaz de Solis, Pater J. 31 f.
Dominikanische Republik 16
Dos Pilas 131, 136
Dresden 74, 104
Dresdener Bibliothek 75
Druckbögen 96
Dupaix, G. 38 f., 42 f.
Dynastie 125, 127, 134
dzonot 57

Edelholzausbeutung 168
Einwanderer 157, 173
Eiszeit 173
Ek Chuah 78
El Salvador 23, 43, 81, 163
Elite 124, 126, 130, 134, 136
Emblem-Orte 125
Emblemhieroglyphen 124
Entzifferung 106 f., 130
Eroberungskriege 131, 134, 136
Estacherna, Don J. 32, 36
Ethnograph 21
Europa 36, 43, 58, 73, 76, 89, 96, 140
Europäer 16, 19, 24, 26, 49, 158, 174

Fabelgestalten 109
falsche Gewölbe 96
Farcy, Ch. 43
Federschlange 61
Feigenbaumrinde 73
Feldwechselwirtschaft 160
Feste 147
Flüchtlinge 165 f.
Folsom 75
Folterungen 165
Forschungsreisen 50, 58
Förstermann, E. 104, 130
Fotoausrüstung 86
Fotografie 83 ff., 90, 94, 96, 98 f.
Fotoplatten 94 f.
Frankreich 85
Franziskaner 21, 25, 32
Fratzen(gesichter) 51, 109

REGISTER 181

Fresken 119 f., 168
Freskentempel 65
Frey, Ch. 118
Fruchtbarkeitsgottheit 153
Gabriel, M. 156
Galeere 28
Galindo, Oberst 42 ff., 58, 102
Garrapatas 84
Gautemoc 24
Gebietserweiterung 136
Geisterarbeiten 154
Geographische Gesellschaft 96
Glyphen 3, 74, 77, 101 ff., 107, 121, 124, 133, 137, 140
Glyphenblock 131
Gold 16, 18, 25, 122
Golf von Honduras 13
– Mexiko 81, 84
Goodman-Martinéz-Thompson-Korrelation 106
Gott der Kaufleute 78
Gott L 105
Götter s. Gottheiten
Gottesdienst 111
Gottheiten 33, 72, 75, 142, 146 ff., 150 ff.
Götze, J. 74
Götzenbilder 21
Gräberpyramide 136
Grabkammer 99, 120
Grabstätte 123
Gregorianischer Kalender 141
Griechen 84, 147
Grijalva, J. de 13, 18 f.
Großfamilienhäuser 158
Großgrundbesitzer 164 f.
Grundwasserspiegel 57
Guanaja 13 ff.
Guatemala 23, 29, 32, 36, 43, 58, 76, 81, 90, 93, 111, 124, 131, 135, 136, 158, 161, 163, 165 f., 173
Guerilla 166
Guerrero, G. 16, 20
Hahal Ku 153
Händler 134
Handwerker 134, 174
Harvard-Universität 98
Healy, G. G. 117
Hebammen 148
Heiliges Kreuz 156
Heilkunst 148
Heiraten 134
Hellmuth, N. 158
Hermaphroditen 148
Herrschaftspraktiken, span. 158
Herrscher 101, 109, 115, 118, 120, 124, 131, 134 ff., 148
Hieroglyphen 21, 44, 52, 73, 101 f., 124, 131, 138, 150
Himmelsrichtungen, die vier 121, 147, 155

Hindus 84
Hispaniola 16
Hochland-Maya 161
Hochreliefskulpturen 96
Hofstaat 118
Hohepriester 148
Holzschnitt 90
Honduras 23 f., 29, 43, 81, 93, 163, 174
Houston, S. 137
Huehetenango 161, 166
Humboldt, A. von 73
Hunab Ku 153
Hungersnöte 160
Hunter, A. 94
Indianer 13, 20 f., 23 f., 26, 37, 52, 76, 84, 89, 103, 130, 146, 153, 155, 157 ff., 165, 171
Indianerstaat 28
Indien 140
Infektionskrankheiten 168
Inka 163 f.
Inquisitor 21
Inschriften 130, 134 ff.
Isla Mujeres 17 f.
Isthmus von Tehuantepec 76
Italien 38, 75
Itzá 24, 26, 28, 164
Itzámna 67
Ix Chel 65, 148, 153
Ix Tab 153
Ixil 161
Izabal 96
Izamal 22, 67, 86, 90
Jacalteken 161
Jade 120, 122 f.
Jagd 168
Jagdfriedhöfe 173
Jaguar 67, 149 f.
Jaguarmasken 113
Jaguarpriester 149
Jaguartempel 95
Jahresbeginn 143
Jahrhundert, mexikanisches 144
Jalisco 29
Jamaica 15
Java 89
Jesus Christus 153, 155
Jodsilber 95
Kabah 90
Kalender 104, 126, 140 ff., 150
Kalendergenauigkeit 141
Kalendergottheiten 75
Kalenderkult 106, 124
Kalenderpriester 120
Kalenderrunde 141, 143
Kalendersystem 140 ff., 145, 174
Kalenderzyklen 142
Kalk 73, 122
Kalkgestein 57

Kalksinterschicht 117
kan (kaan) 137
Kan-Xul 139
Kanhobal 161, 166
Kariben 17
Karibik 65
Karl III. 36
Karl IV. 38
Karl V. 22, 74
Kastenkrieg 156
katun 13, 74, 103, 144
Kautschukball 115
Kazike 13
Kekchi 163
Kentaur 24
Kernfamilie 161
kin 144
King, E. 78
Kingsborough, Lord 42, 52, 78 f.
Kinich Ahau 151
Kinnbart 123
Kleinstaaten 164
Knorosow, J. 133
Kolonialzeit, span. 16, 158, 160
Kolossalstatue 54
Kolumbus, Ch. 14 f., 28
Königslisten 134
Kosmologie 124, 152
Kreuz 121, 155 f.
Kreuztempel 33, 47, 52
Krieger 119 f., 127
Kriegsgefangene 118, 120
Krypta 122
Kuba 16, 18 f.
Kukulkan 61, 150
Kunsthandwerker 135
Kunstwerke 37
Kurzmonat 143
Labna 63
Lacandonen 117 f., 161, 167 ff.
Lacantún 168
Ladino-Gemeinschaften 153
Landa, D. de 16, 21 ff., 44, 77, 102 ff., 109, 123, 133, 142
Landbrücke 173
Landwirtschaft 126
Lange Zählung 144
Las Casas, B. de 20
Las Ventanas 42
Lebensbaum 155
Leningrad 133
Lenoir, A. 42
Leydener Platte 145
Liebeszauber 149
Lindig, W. 139, 152, 154, 158
Lochkamera 84
Logogramme 130 ff., 137
Loltun-Höhle 174
London 50, 58, 71
longcount 144 f.
Lorillard, P. 89

Machtkämpfe, politische 125
Madagaskar 89
Madrid 77 f.
- Archäologisches Museum 77
- Kgl.-Nat. Sammlung 37
Maisgott 146, 153 f.
Maler, T. 96, 98 f., 167
Malerei 158
Mam 161, 166
Mammut 173
Mani 20
Martern 124
Maske 67, 111, 147
Mathematiker 125, 140
Maudslay, A. P. 1, 90, 93 ff., 108 f., 120, 167
Maximilian I. 89, 96
Maya, Adel 119
- Architektur 67, 94, 96
- Bauerntum 158
- Bevölkerungszahlen 160
- Figur 54
- Forschung 118
- Gesellschaft 109, 120, 126 f., 134
- Gewölbe 96
- Handschriften 72 ff., 84, 94
- Hütten 63
- Jahr 72
- Kalender 141
- Kämpfe mit Spaniern 17 f.
- Kultur 20 f., 57, 84, 117 f., 145
- Kultzentrum 31
- Kunst 87, 94, 107
- Manuskripte 73 ff., 135, 137 f.
- Schrift 103 f., 107, 124, 130 ff., 137
- Siedlungsgebiet 23
- Sprache 133, 138, 161
- Städte 70, 84, 131
- Völker 81
- Wissenschaft 141
- Zeitrechnung 103 ff.
- Zentrum 113
Mayapán 22, 52
Meereskröten 149
Menschenopfer 15, 17, 118, 120, 123, 145, 148
Menstruation 149
Mérida 22, 26, 86, 99
Mestizen 157
Metsaboc-See 170
Mexikanisches Hochland 61, 154
Mexiko 18 f., 23, 31, 38, 49, 51, 54, 58, 75, 78 f., 85 f., 89, 96, 123, 141, 157, 165 f., 171, 173 f.
- Anthropologisches Institut 119, 122
- Hochland von 89
- Unabhängigkeitserklärung 155
Mexiko-Stadt 86
Michoacan 50
Militär 166

Milpas 159
Miró, Don J. I. 77
Mirones, Kap. 26
Missionare 20, 24, 26, 32, 73, 102 ff., 138
Mitla 86, 96
Mittelamerika 17 f., 57 f., 70, 73, 79, 93, 102, 136, 157, 174
Mittelamerikaforschung 70
Moctezuma 15, 24 f., 74
Monate 143
Monatszeichen 104
Mond 105, 148
Mondgöttin 65, 148 f., 151, 153
Monte Alban 174
Monte Libano 170
Mopán 161
Moskitos 52
Mototzinleken 163
Muanvogel 105
mündl. Überlieferungen 130, 138
Munoz, J.-B. 36
Mythen 73

Nacom 148
Nahá 170
Naher Osten 58
nahuatl 76
Namensglyphen 120, 151
Napoléon Bonaparte 45
Napoléon III. 89
Naranjo 99, 135
Naturstein 39
Neapel, König von 36
Neu-Galizien 29
Neue Welt 43, 50, 73, 75, 77, 163
New Orleans 85, 96
New York 57, 72
Nicaragua 43, 174
Null 140
Nullpunkt 144

Oaxaca 86, 155
Observatorien 141
Obsidianmesser 148
Ocosingo 141
olmekische Kultur 84, 113, 174
Opfergaben 65, 99, 118, 122 f., 147
Opferstein 148
Orakel 154
Ordónez, R. 32
Ornamentik 87, 102

Pacal 37, 99, 121 f.
Palacio, D. de 29
Palenque 1, 4 f., 31 ff., 36 ff., 47, 49, 51 f., 68, 77, 86, 89 f., 96, 99, 101, 104, 120 ff., 134
- Palast 35, 41, 54
- Sonnentempel 32 f.
- Tempel der Inschriften 120
Papierherstellung 73

Pappmaché 89, 93
Paris 54, 74
- Museé de l'homme 89
Pariser Ges. f. Geographie 44, 50
Pasión 168
Pazifikküste 81
Peabody Museum 98 f.
Petén 23 f., 28 f., 43, 81, 84, 98 f., 161, 164, 166
- Itzá 24
Pferd 24 f.
Pflanzen-Steine 136
Pflanzerkultur 174
Piedras Negras 99, 124, 134
Pilger 65
Piroge 28
Pistoleros 165
Plejaden 144
Plünderungen 36 f.
Pokomam 163
Pokomchi 163
politische Kriege 136
- Macht 134
Pompeji 36
Popol Vuh 76 f.
Priester(schaft) 127, 140 f., 146, 148 ff., 158, 164
Prophezeiungen 138, 149 f., 156
Proskouriakoff, T. 109, 124, 130, 134
Prud'hon, P. 50
Puebla 165, 174
Pueblos 158
Pulque 86
Puuc-Stil 88
Pyramide 28, 47, 61, 67, 99, 113, 122 f., 127, 148, 158
Pyramidenbau 111

Quetzalcóatl 61
Quiché 77, 161, 163, 166
Quiché-Maya 76 f.
Quintana Roo 23, 28, 138, 154 f., 160 f.
Quirigua 1 f., 68, 93, 101, 104, 109
Quy, M. 50

Rabinal 76
Raetsch, C. 138, 171
Raubgrabung 135
Regenbogenfrau 65
Regengott 25, 65, 77, 147, 149, 153
Regenzeit 105
Reiter 24
Reliefskulpturen 109, 124
Religion 107, 146 f., 153, 161
- synkretistische 158
Reliquienschrein 111
Rio Dulce 96
- Lacanhá 117
- Panucá 18
- Usumacinta 98, 99, 161, 163 f., 167 f.

REGISTER 183

Rio, A. del 36 f., 41, 50, 102
Rituale, Riten 75, 134, 136, 148, 153 f., 159
Ritualkalender 142
Römer 37
Rosny, L. de 74, 78
Ruinen 32, 36, 39, 54, 58 f., 70 f., 84 f., 87 f., 90, 99, 118, 174
Ruinenkomplexe 22
Ruz Lhuiller, A. 120 ff.

Sabachtsche 70
San Juan Chamula 159
San Juan Copala 164
San Juan Sacatepequez 76
San Marcos 166
Sandia 173
Santa Domingo de Palenque 31
Sapper, K. 160, 167
Sarkophag 121, 123
Schalen 125
Schellhaas, P. 130, 150 f.
Schlange, doppelhäuptige 121
– gefiederte 108
– mythische 107
Schreibvarianten 137
Schriftgelehrte 125
Schriftsystem 103, 130
Schriftzeichen 102
Schutzpatron 153
Seele 154
Selbstkasteiung 124
Selva Lacandona 168
Sevilla 77, 158
Silbenliste 133
Silbenzeichen 132
Skulpturabdrücke 89
Skulpturblock 123
Sonne 105, 115, 121, 148
Sonnenfinsternis 141
Sonnengott 123
Sonnenjahr 141, 143
Sorbonne 77
Soustelle, J. 170
soziale Pyramide 134
Spanien, König von 29, 36, 74
Spanier 13, 15 ff., 26, 28, 38, 73, 146, 148, 150, 153, 157 f., 160, 164
spanische Eroberung s. Conquista
Spinden, H. J. 109
Sprechende Heilige 154
Städtealter 99
Stadtstaaten 125, 134
Steinhäuser 31
Steinmetzarbeiten 121
Steinplastiken 109
Stele 68, 70, 96, 101, 104 f., 109, 115, 124, 131
Stephens, J. L. 57 ff., 65, 68, 70 ff., 84 f., 93 ff., 101
Sternenhügel 144

Stirnband 133
Stuart, D. 137
Stuck 120
Stuckrelief 37, 41, 123
Stukkaturen 37

Tabasco 13, 20, 23 f., 81, 161
Tag 144
Tagesgötter 142
Tageszeichen 104
Tapir 25
Tayasal 24 ff.
Teco 161
Tempel 70, 87, 99, 101, 106, 111, 115, 117, 146, 149, 174
Tempelbezirke 32, 115, 126, 148
Tenochtitlan 25, 144
Teosinte 174
Teotihuacán 89, 174
Territorialpolitik 136
Testament, Altes und Neues 153
Theokratie 120
Thronbesteigung 124, 134 f.
Ticul 98
Tiefland-Maya 161
Tierkreis 75
Tihóo 22
Tikal 28, 111, 123, 136
Tizimin 138
Tlaloc 77
Tlaxcala 25
Tod 134 f., 147
Toholabal 163
Tolteken 61, 89, 174
Tonalá 164
Tongefäße 135
Tonina 38, 52, 68
Töpferei 174
Topoxté 43
Totenkult 99
Totenmaske 123
Touristen 32, 170 f.
Tozzer, A. M. 168
Trance 149
Transvestitentum 148
Träume 154
Trinkgefäße 125
Triqui 164
Triumphbogen 63
Tro y Ortolano, J. de 77
Tula 61, 89, 174
Tulum 65
Tusik 138
Tutul íu 20
Tzeltal 163
Tzimin Chac 25
Tzolkin 142
Tzotzil 159, 163
Tzutuhil 163

Uaxactún 113
Uayeb 143

UN-Flüchtlingskommissariat 166
United Fruit Company 117
Universum 121
Unterwelt 109
Ursúa, M. de 26, 28
Urwald 171, 174
USA s. Vereinigte Staaten
Uspanteken 163
Usumacinta 28, 163 f., 167 f., 170
Uxmal 22, 52, 54, 59, 68, 78, 81, 85 ff., 90, 98, 147

Velásques, D. 18 f.
Venus 105, 141
Venusgötter 105
Veracruz 21
Vereinigte Staaten 58, 68, 75
Versklavung 20
Verstümmelung 124
Verwandtschaften 134, 161
Viereck 63
Vigesimalsystem 140 f., 144
Vokalharmonie 133
Vollfigurhieroglyphen 131
Vollgummiball 136

Wahrnehmung 149
Wahrsagungen 138
Waldeck, J. F. 37, 41, 44 f., 47, 49, 50 ff., 70, 79, 102
Wandmalereien 117 f., 127
Washington 94, 119
Weberei 174
Westindien 15
Wien 74, 77, 96
Wildbeutertum 174
Wilhemy, H. 160
Wissenschaftler 32, 140, 158
wits 132, 136
Wohlstandsgesellschaft 171

Yacatecuhtli 78
YajalXon 170
Yaxchilan 28 f., 90, 126, 134
Yukatán 14 f., 17 ff., 23, 26, 29, 44 f., 54, 57 f., 63, 65, 71 f., 74, 81, 83 f., 98, 102, 127, 151, 155, 160 f., 164, 174
Yukateken 161
yukatekisches Maya 133, 138, 160

Zahlen 140
Zahnschmerzen (Glyphe) 124
Zauberei 148
Zeiteinheiten 144
Zeitenwende 145
Zeitrechnung 104, 141, 144
Zentralamerika s. Mittelamerika
Zentralautorität 126
Zeremonialzentrum 109, 111

Inhalt

- 13 Erstes Kapitel: Eroberer und Missionare
- 31 Zweites Kapitel: Künstler und Abenteurer
- 57 Drittes Kapitel: Die Zeit der Gelehrten
- 83 Viertes Kapitel: Die fotografierenden Forscher
- 101 Fünftes Kapitel: Botschaften in Stein
- 117 Sechstes Kapitel: Vom Bild zur Wirklichkeit

- 129 Zeugnisse und Dokumente
- 130 Die Maya-Schrift und frühe Dokumente
- 140 Kalendersystem und Wissenschaft
- 146 Die Götter der Maya
- 157 Die Maya heute
- 172 Völker und Kulturen des Alten Amerika

- 176 Anmerkungen
- 180 Register